도서관과 AI

AI문고

인공지능 시대입니다. 기계가 인간의 인지를 대신하고, 사물이 인간을 통하지 않고 다른 사물과 직접 커뮤니케이션합니다. 이에 따른 인간 삶과 문명 변화를 정확히 이해·예측·대응하는 것은 이 시대 우리 모두의 과제입니다. AI문고는 인공지능 기술과 환경의 여러 주제를 10가지 키워드로 정리합니다. 관련 개념과 이론, 학계와 산업계의 쟁점, 우리 일상의 변화를 다룹니다. 인간과 기술의 현재, 미래를 세심히 분석합니다.

일러두기

- 인명, 작품명, 저서명, 개념어 등은 한글과 함께 괄호 안에 해당 국가의 원어를 병기했습니다.
- 외래어 표기는 현행 어문규정의 외래어표기법을 따랐습니다.

처음이세요?

전문가세요?

도서관과 AI

송현경

대한민국, 서울, 커뮤니케이션북스, 2025

도서관과 AI

지은이 송현경
펴낸이 박영률

초판 1쇄 펴낸날 2025년 12월 10일

커뮤니케이션북스(주)
출판 등록 2007년 8월 17일 제313-2007-000166호
02880 서울시 성북구 성북로 5-11
전화(02) 7474 001, 팩스(02) 736 5047
commbooks@commbooks.com
www.commbooks.com

ISBN 979-11-430-1261-6 03500

책값은 뒤표지에 표시되어 있습니다.

차례

AI로 진화하는 도서관

AI 기술, 인간의 삶의 양식을 바꾼다

인공지능(AI)은 이미 산업과 일상생활 전반에 깊숙이 스며들어 사회 전반의 변화 속도를 가속화하고 있다. 영화산업에서는 AI 기반 제작 기법이 보편화되고 AI 영화라는 새로운 장르가 탄생해 영화제와 수익 창출로 이어지고 있다. 의료 분야에서는 AI가 신약 개발 기간을 절반 수준으로 단축하고 임상 성공률을 높이는 등 혁신적인 성과를 내고 있다. 법률 분야에서는 방대한 법률 문서, 표준화된 양식, 판례 등을 학습해 초안을 신속하게 작성하는 데 AI가 활용된다. 금융기관 또한 고객 서비스, 개인 맞춤형 투자 추천, 결제 사기 방지, 위험 관리 등 다양한 영역에 AI 기술을 접목하고 있다(김수민 · 백선환, 2023; 송연주, 2023; 송현경, 2024; 하나은행 하나금융연구소, 2023).

일상에서도 AI는 여러 방식으로 활용되고 있다. 글을 쓸 때 문장을 다듬거나 적절한 표현을 찾고, 궁금한 내용을 확인하기 위해 생성형 AI를 활용하는 사람이 늘고 있다. 또한, 생성형 AI로 이미지를 만들어 보고서나 발표 자료에 활용하는 사례도 많아지고 있다. 허위 정보 등 때문에 반드시 사실인지 검증이 필요하지만 자연어로 무엇이든 질문할 수 있으며 모르는 내용을 친절하게 설명해 준다는 편리함에 많은 사람들이 생성형 AI를 이용하는 추세다. 최근엔 다양한 생성형 AI가 등장함에 따라 텍스트를 생성하는 것 외에 영상을 만들거나 음악을 작곡하는 데에도 생성형 AI를 이용할 수 있다. 우리나라의 경우, 2024년 조사에서 생성형 AI 이용 경험이 있다고 응답한 응답자는 24%에 이르렀다. 이들은 텍스트 생성 외에도 음성, 음악, 이미지, 동영상, 코드 생성에 생성형 AI를 활용하는 것으로 나타났다(방송통신위원회 · 정보통신정책연구원, 2025).

이러한 AI의 활용은 업무 방식은 물론, 인간의 역할 자체를 새롭게 정의하고 있다. 과거에는 인간이 업무의 전 과정을 직접 처리하는 것이 자연스러웠고 당연했지만, 이제는 많은 분야에서 인간과 AI가 협업하며 높은 성과를 거두고 있다. 나아가 AI는 산업 구조는 물론, 사회와 문화 등 우리 삶 전반에 광범위한 영향을 미칠 것으로 보인다. 이와 같은 흐름은 지식과 정보를 조직하고 유통하는 동시에 지역주민의 삶 가까이에서 다양한 혜택을 제공하는 공적 기관인 도서관에도 영향을 미치게 된다.

도서관은 전통적으로 정보 수집과 제공, 자료 보존, 독서 문화 진흥, 평생 학습 지원 등의 기능을 수행하여 왔다. 그러나 최근엔 사회 변화와 기술 발전에 따라 시민들이 필요로 하는 지식과 정보를 찾을 때 도서관보다 인터넷을 우선시하는 도서관 우회 현상이 나타나면서 도서관은 어려움을 겪고 있다(윤희윤, 2022). 구글이나 네이버 등 포털사이트를 통한 검색에 이어 생성형 AI를 통한 질의응답까지 가능해진 상황에서 도서관 우회 현상은 갈수록 심화될 수 있다. 이러한 상황에서 도서관은 AI와 같은 새로운 기술을 도입하여 시민들에게 더욱 편리하고 효율적으로 정보를 제공하는 한편 AI 리터러시 교육 등 사회 변화에 부응하는 새로운 역할을 적극적으로 모색할 필요가 있다.

도서관, 업무 및 서비스에 AI 적용

최근 도서관은 업무와 서비스에 AI를 적용하여 시민들의 디지털 역량과 정보 활용 능력을 지원하는 기관으로 그 역할이 확장되고 있다. 실제로 몇몇 도서관에서는 AI를 적용하여 자동으로 자료를 조직하는 방식을 실험하기도 하고 AI 기반 도서 추천 서비스, AI 로봇의 안내 서비스, AI 챗봇 기반 질의응답 서비스 등 다양한 AI 기반 서비스를 구축, 제공하고 있다. 이러한 기술은 도서관의 업무 효율을 높이는 동시에 이용자 중심 서비스를 실현하는 핵심 수단으로 작용하고 있다.

도서관은 전통적으로 자료를 조직하여 이용자들이 필요로 하는 자료를 보다 쉽게 접할 수 있도록 지원해 왔다. 이에 따라 자료를 목록화하고 분류하는 작업은 사서의 전문성으로 인정받고 있다. 그런데 이와 같은 자료 조직은 텍스트를 기반으로 정해진 기준에 따라 수행되는 것으로 AI가 보다 효과적으로 수행할 수 있는 작업으로 꼽히고 있다. 최근 각국의 국립도서관에서는 자료 조직에 AI를 활용하는 방식에 관하여 다양한 실험이 수행되는 추세다.

도서를 추천하거나 독서 활동을 지원하는 데에도 AI 기술이 활용된다. 최근 도서관들은 온라인으로 AI 도서 추천 서비스를 제공하고 도서관 내에 AI 도서 추천 무인정보단말기(키오스크)를 설치하고 있다. 이는 이용자의 성별, 기분, 관심사, 독서 기록 등을 분석하여 취향에 맞는 도서를 찾을 수 있도록 지원해 준다. 모바일 앱을 통해서도 관련 서비스를 제공한다(플라이북, 2025; Helsingin kaupunki, Helsingin kaupunkikulttuurin ja vapaa-ajan toimiala, 2021). 이용자들은 간단하면서도 흥미로운 방식으로 원하는 도서를 찾을 수 있다. 또한 시각장애인 등에게 AI 음성 합성 기술을 활용해 책을 읽어주고 AI 기술을 활용한 시각 보조 장치도 활용한다(책 읽어주는 도서관, n.d.; 국립중앙도서관, 2021).

최근엔 도서관에서 AI 챗봇 서비스를 제공하고 있다. AI 챗봇은 간단한 도서관 안내에서부터 자료 탐색에 이르기까지 다양한 기능을 할 수 있다. 챗봇은 생성형 AI 출시 이전에도 규칙 기반(rule-based) 등으로 운영돼 왔지만 생성형 AI 출시 이후 이용자의 질의에 대한 답변은 더욱 정확하고 정교해졌다. 대학 도서관에서는 학술 챗봇 서비스를 제공하고 있다. 이용자의 연구 관련 질의에 응답하고 데이터베이스에서 관련 논문을 찾아 제시해 준다. 특정 논문을 요약해 핵심을 제공해 주는 서비스도 운영되고 있다(사이언스온, 2025; 송현경, 2025a).

이용자들이 도서관의 AI 활용을 보다 피부로 느낄 수 있는 것은 AI 로봇이다. 몇몇 도서관에 들어서면 AI 로봇이 이용자들을 맞이한다. AI 로봇은 이용자와 자연어로 대화하고 도서관을 안내해 준다. 필요로 하는 자료가 있는 곳까지 이용자를 안내하기도 한다. 우리나라의 경우, 2019년 관계 부처 합동으로 발표된 AI 국가전략에 도서관의 리드투로봇(Read to a Robot)이 명시되면서 관련 로봇 연구 개발 사업이 시작됐다(송현경, 2025b). 장서 점검을 하는 데에도 AI 로봇이 점차 활용되는 추세다.

사서 역할의 변화와 새로운 전문성

도서관의 AI 활용에 따라 사서의 업무와 역할도 변화할 전망이다. 앞으로 사서는 단순하고 반복적인 업무에 주력하는 대신 시민들의 성장을 위한 보다 깊이 있는 정보 서비스에 집중할 수 있다. 도서관 업무 전반에서 AI가 핵심 요소로 부상하는 가운데 사서의 역할 역시 근본적으로 변화하는 모양새다.

보다 구체적으로 AI 활용과 관련하여 사서의 업무 방식이 변화하고 새로운 업무가 창출될 전망이다. 사서는 자료 조직과 장서 관리 등에 AI 기술을 활용할 수 있다. 이에 따라 미래 사서들은 자료 조직 및 장서 관리 업무에서 AI가 수행한 업무를 확인하고 정확하게 바로잡는 업무에 주력하게 될 것으로 보인다. 또한, 창의성이 필요한 기획과 홍보 업무에서도 사서는 생성형 AI를 적극적으로 활용할 수 있다. 눈길을 끄는 문구를 창작하고 이미지를 생성하여 이를 초안으로 문구 및 이미지를 만들어 낼 수 있다. 필요하다면 영상을 만들거나 음악을 창작할 수 있다. 나아가 사서는 생성형 AI로 각종 도서관 데이터를 분석하여 보다 과학적으로 도서관을 운영할 수 있다(송현경 · 심효정, 2024; 국립세종도서관, 2023).

새로운 업무 및 역할로는 AI 기술과 서비스를 연결하는 업무를 꼽을 수 있다. AI를 포함하여 기술은 날로 발전하지만 발전하는 기술을 그대로 도서관에 적용하기는 쉽지 않다. 도서관 전문가인 사서는 AI 기술을 도서관 서비스에 적용할 때 기획하고 검증하는 업무를 수행할 수 있다. 또한, AI가 생산하는 데이터가 기하급수적으로 증가할 것으로 예상되는 가운데 사서는 도서관이 데이터를 어떤 방식으로 소비하고 제공할 것인지 설계하는 소프트웨어 엔지니어로서의 역할을 수행할 전망이다. 이와 함께 AI의 윤리적 사용과 관련한 역할 및 증가하는 데이터 속에서 양질의 데이터를 선별하고 체계화하는 역할도 수행할 수 있다(Cox et al., 2019; 송현경, 2025c).

이렇게 달라진 업무와 역할을 수행하기 위해 몇몇 도서관에서는 AI 전담 사서를 채용하는 공고를 내기도 했다(Lund, 2025). 아울러 예비 사서의 교육과정이 변화해야 한다는 주장도 제기되고 있다. 미래 사서들이 AI에 대해 기술적으로 이해하며 활용할 줄 알고 AI와 윤리에 대해 고민할 수 있도록 AI 관련 교육과정이 마련돼야 한다는 지적이다.

AI 시대, 도서관과 사서의 사회적 역할

AI 시대에 도서관은 사회 변화와 기술 발전에 대응하여 사회에 기여하는 기관으로 역할을 해야 한다. 우선, 도서관은 시민들이 AI 리터러시 역량을 강화하는 기관으로서 역할을 할 수 있다. AI를 포함한 기술이 빠르게 변화하며 산업 구조에도 영향을 미칠 것으로 전망되는 가운데 시민들은 필수적으로 이에 대응하여 준비하여야 한다. 그러나 관련 교육을 받을 수 있는 신뢰할 만한 공적 기관은 많지 않은 현실이다. 이 가운데 도서관은 나이, 성별, 계층과 무관하게 누구나 방문할 수 있는 공공성과 신뢰성, 포용성을 담보한 기관으로 그 역할을 수행할 수 있다. 이에 따라 AI 시대에 도서관은 시민들이 AI 리터러시 역량을 키울 수 있도록 지원하는 공적 기관으로 거듭날 수 있다. 특히, 도서관은 지식 정보 취약 계층이 AI 리터러시 역량을 강화할 수 있도록 지원할 수 있다.

다음으로 AI 시대에 도서관은 공동체가 소통하고 교류하는 제3의 장소로서 역할을 강화해야 한다(송현경 · 심효정, 2024). 제3의 장소는 지역 구성원들의 다양한 대화가 오고 가며 때론 지역 및 사회, 정치적 현안에 대한 논의도 이어 나갈 수 있는 장소다. AI 기술로 자료 조직 등 전통적 업무에 대한 사서의 부담이 낮아지고 공간 활용이 보다 자유로워지면 도서관은 지역 사회 공동체 거점 기관으로서의 역할을 보다 강화할 수 있다. 현대인들의 보편적 외로움과 고독이 사회적 현안으로 떠올라 정부 정책에 반영되는 가운데 도서관이 제3의 장소로서 역할을 강화하는 것은 사회 구성원들이 건강한 삶을 영위하는 데 기여하는 것은 물론, 사회 전반의 소통과 교류에도 기여할 수 있다. 나아가 이는 민주주의의 토대를 더욱 굳건히 하는 데에도 의미 있는 역할을 할 수 있다.

국내외 도서관협회들도 도서관의 이와 같은 역할을 중시하고 있다. 국제도서관협회연맹(IFLA)는 도서관과 AI에 관한 성명서(IFLA Statement on Libraries and Artificial Intelligence)에서 AI와 관련한 도서관의 사회적 역할을 확대할 것을 발표했다. 국제도서관협회연맹은 AI 시대에 도서관은 디지털 및 알고리즘 리터러시 교육을 강화하고 AI의 사회적 영향에 대한 시민 교육에 힘써야 한다고 선언했다. 또한, 이용자들이 AI와 관련한 사회적, 윤리적 쟁점에 비판적으로 참여할 수 있도록 지원하여야 한다고 밝혔다. 한국도서관협회도 AI 선언문

(2024)을 발표했다. 이에 따르면 도서관은 AI 기술 도입을 통하여 다양한 지식의 촉진과 학습 기회를 제공하여야 하며 이용자들의 지식 격차를 줄이고 디지털 활용 능력을 향상할 수 있도록 지원해야 한다. 또한, 도서관은 시민들이 AI에 대한 논의에 참여할 수 있는 장이 됨으로써 AI 기술의 발전과 활용에 관한 사회적 합의를 도출하는 데 기여할 수 있다.

지금껏 도서관은 기술이 발전하고 일상적으로 사용됨에 따라 관련 기술을 익힐 수 있는 사회적 장으로 역할을 해 왔다. 예를 들어 도서관은 소셜미디어 및 디지털 기기 등 다양한 미디어와 디지털 기기를 학습하고 활용법을 배우는 미디어 및 디지털 리터러시 학습기관으로서 역할을 하고 있다. AI와 관련해서도 도서관은 이와 같은 역할을 할 수 있다. 실제로 최근 도서관들은 AI를 주제로 한 다양한 프로그램을 만들어 시민들과 소통하고 있다. 시민들은 도서관에서 AI 기술에 대해 학습하는 것은 물론 AI를 일상 및 업무와 관련하여 활용하는 법을 배우고 익힐 수 있다(Enis, 2024; 국립중앙도서관, 2025). 또한, 도서관이 도서관 내 다양한 공간에서 일상적으로 AI 로봇 등 AI 기술을 활용하여 서비스하는 것은 그 자체로 시민들이 AI 리터러시 역량을 강화하는 데 도움을 줄 수 있다.

이와 함께 도서관들은 지역주민들이 자연스럽게 만남을 갖고 소통할 수 있는 장으로 역할을 하고자 노력하고 있다. 공공 도서관들은 지역주민들과 포럼을 열고 다양한 생각들을 나누고 있다. 시민들은 자연스럽게 도서관에서 자신과 다른 의견에 귀를 기울이게 되고 다양성을 존중하며 일상의 민주주의를 배울 수 있다.

AI 기술의 윤리적 쟁점과 지적 자유

도서관의 또 다른 사회적 역할 중 하나로 AI 기술의 윤리적 활용이 중시된다. 이는 지적 자유를 수호하는 도서관의 핵심 가치와 맞물려 있다(Gorman, 2015). 지적 자유는 표현의 자유와 동일한 권리의 양면으로 이해되는데, 표현의 자유를 누리기 위해서는 자신의 의견을 형성하여야 하며 이를 위해서는 알 권리, 즉 지적 자유가 보장되어야 한다는 의미에서 그러하다(IFLA, 1999). 그리하여 지적 자유는 간섭 없이 의견을 형성하고 유지할 자유, 표현의 자유, 정보 접근권, 자기결정권, 주체성, 자율성 등 여러 측면과 관련된다(IFLA, 2020).

지적 자유는 국내외 도서관협회들이 성명 및 선언을 통해 수호해 왔다. 1939년 제정되어 여러 차례 개정되어온 미국도서관협회(ALA)의 도서관 권리선언(Library Bill of Rights)에 따르면 도서관은 이용자에게 모든 관점의 자료와 정보를 제공하고 검열에 도전하여야 하며 당파적이거나 교리적 반대를 이유로 자료를 제한하거나 폐기해서는 안 된다. 한국도서관협회의 도서관인 윤리선언(2019) 역시 이와 동일한 내용을 담고 있다. 이에 따르면 도서관 이용자는 모든 정보와 사상, 창작물에 제한 없이 자유롭고 공평하게 접근할 수 있는 권리가 있다.

그런데 AI 기술의 발전은 인터넷을 넘어 AI를 통한 정보 접근을 가능하게 함으로써 개인의 지적 자유를 확장하는 동시에 개인정보 보호, 알고리즘 편향성과 같은 우려를 동반한다. 예를 들어, AI 기반 추천 도서 서비스는 이용자의 성별, 나이, 대출 이력 등을 바탕으로 결과를 도출한다. 이 과정에서 이용자의 정치적 성향, 종교적 신념, 건강 상태 등 민감한 정보가 추정될 수 있다. 나아가 알고리즘이 이용자의 성향에 맞춘 자료만을 반복적으로 제시할 경우, 이용자는 다양한 관점을 접하지 못한 채 특정 입장의 자료만 접하는 편향이 발생할 수 있다. 이는 정보 접근의 왜곡과 선택적 노출을 유발하는 필터 버블(filter bubble) 현상으로 이어진다.

이에 따라 도서관은 효율성만이 아니라 지적 자유를

수호하는 방향으로 AI를 도입할 필요가 있다. 국제도서관협회연맹은 도서관과 AI에 관한 성명서(2020)에서 AI 기술 도입과 관련하여 윤리적이고 책임 있는 방식으로 AI 기술을 도입하도록 방향을 제시하며 개인정보 보호와 윤리 기준을 준수하는 것이 필수라고 강조했다. 한국도서관협회는 AI 선언문(2024)에서 도서관은 AI의 오남용과 차별 가능성을 방지하기 위한 교육을 수행해야 하며 안전한 AI 체계를 도입하고 사용자 교육 등을 통하여 개인정보 관리에 대한 이해를 높이고자 노력해야 한다고 밝혔다.

나아가 도서관은 도서관에서만이 아니라 사회에서 AI 기술의 윤리적 적용을 위해서도 역할을 할 수 있다. 도서관은 시민들이 AI 기술을 보다 윤리적으로 사용할 수 있도록 강연 등 다양한 활동을 통해 시민들과 소통하며 관련 인식을 제고하는 데 기여할 수 있다. 또한, 정부 부처, 학교, 시민단체 등과 협력하여 AI 기술의 윤리적 적용과 관련한 정책을 수립하는 데 기여할 수 있다.

공공성과 정체성을 지키는 AI 도입

AI 기술은 도서관에 새로운 가능성을 제시하는 동시에 도서관의 공공성과 핵심 가치를 위협할 수 있는 잠재력을 내포하고 있다. 정보의 민주적 접근, 다양한 관점의 수용, 사회적 소통의 장으로서 도서관이 가진 고유한 가치는 AI 기술 도입 이후에도 반드시 지켜져야 한다. 특히 생성형 AI와 같은 기술이 정보 선택에 개입하게 될 경우, 이용자의 편의성은 높아질 수 있으나 동시에 특정 정보에 대한 편향된 접근 가능성, 개인정보 유출, 알고리즘에 의한 자동 판단 등의 문제가 발생할 수 있다.

따라서 도서관은 기술을 맹목적으로 수용하기보다 도서관만의 공적 책임과 사회적 윤리 기준을 바탕으로 AI 기술을 선별적, 비판적으로 도입하여야 한다. 이는 단순히 AI 기술을 사용하는 도서관을 넘어서 기술의 사회적 영향에 대해 성찰하고 안내하는 공적 기관으로서 도서관의 역할을 정립하는 과정이기도 하다. 기술 중심의 변화를 수용하면서도 그 변화를 사회 전체의 지식 민주주의와 정보 정의 실현이라는 도서관의 사명과 연결하여 해석할 때, 도서관은 지속 가능한 발전을 이룰 수 있다. 또한, 이 과정에서 지역 사회 이용자들과 충분한 소통과 교류를 기반으로 AI 기술 도입의 적절성을 파악하고, 해당 지역의 특성과 필요를 반영한 방향으로 기술을 운영하고 지원하는 것이 중요하다.

지금까지 논의한 문제의식에서 출발하여 이 책은 도

서관에서의 AI 기술 도입과 관련된 10가지 주요 현안을 다룬다. 자료 조직, 도서 추천, 독서 지원, 챗봇, 로봇 등 구체적 적용부터 공공성과 윤리, 사서의 업무 및 역할 변화까지 포함한다. 이를 통해 현재 도서관의 모습과 미래 방향을 살펴본다. 독자들이 AI 기술 적용을 넘어 도서관의 사회적 가치를 지키는 비판적 시각과 실천 방향을 함께 고민하길 기대한다.

참고문헌

국립세종도서관(2023). "제9회 국가정책정보협의회 정기총회 및 세미나".

국립중앙도서관(2021). "인공지능(AI) 기술을 활용한 사서 업무 지원 도구 개발에 관한 연구".

국립중앙도서관(2025.4.8). "AI와 함께 달라지는 내 삶, 도서관에서 배운다!". https://www.nl.go.kr/NL/contents/N50603000000.do?schM=view&page=2&viewCount=9&id=50930&schBdcode=&schGroupCode=

김수민·백선환(2023). 《챗GPT 거대한 전환》. 알에이치코리아.

방송통신위원회·정보통신정책연구원(2025). "2024 지능정보사회 이용자 패널조사".

사이언스온(2025). "Science ON 개요". https://scienceon.kisti.re.kr/por/intr/selectPORScienceONIntrcn.do?aboutCd=3

송연주(2023.10.2). "[K-AI열전⑤] 신약 개발기간 절반 단축…

부작용까지 예측". 뉴시스.
https://www.newsis.com/view/?id=NISX20230918_0002454678

송현경(2024.9.26). "[주목받는 AI 영화] "AI 영상콘텐츠 시장 확장 주력할 계획"". 내일신문.
https://www.naeil.com/news/read/524053

송현경(2025a.4.3). "[도서관 AI서비스] 생성형 AI 시대… 학술챗봇 도입·자체 개발도". 내일신문.
https://www.naeil.com/news/read/543367

송현경(2025b.6.12). "[도서관 로봇] 로봇 활용 다각화로 운영 효율성 높아져". 내일신문.
https://www.naeil.com/news/read/550851

송현경(2025c.5.22). "[인터뷰 볼프람 호르스트만(Wolfram Horstmann) 독일 FIZ 카를스루에 라이프니츠 정보인프라연구소 CEO] "도서관, 신뢰할 수 있는 진실의 공간"". 내일신문.
https://www.naeil.com/news/read/548776

송현경·심효정(2024). "인공지능 활용에 대한 공공도서관 사서들의 인식 연구". 《인문사회과학 연구》, 32(4), 509~544쪽.

윤희윤(2022). 《공공도서관정론》. 태일사.

책 읽어주는 도서관(n.d.). "책 읽어주는 도서관 소개".
https://voice.lg.or.kr/info/introduce-dtb.dtb

플라이북(2025). "플라이북 AI 에이전트".
https://www.flybook.kr/ai

하나은행 하나금융연구소(2023). "AI의 등장으로 변화하는 금융산업".

한국도서관협회(2019). "도서관인 윤리선언".

한국도서관협회(2024). "한국도서관협회 인공지능 선언문".

Lund, B. D.(2025.3.6). "챗지피티와 도서관: 긍정적 변화를 촉구하는 인공지능 정책과 공교육". 국립중앙도서관 월드라이브러리 사서칼럼.
https://librarian.nl.go.kr/LI/contents/L30201000000.do?schM=view&id=50548

Cox, A. M. et al.(2019). The intelligent library: Thought leaders' views on the likely impact of AI on academic libraries. *Library Hi Tech, 37*(3), pp.418~435.

Enis, M.(2024.11.11). AI and the public. Library Journal. https://www.libraryjournal.com/story/ai-and-the-public

Gorman, M.(2015). *Our Enduring Values Revisited: Librarianship in an Ever-changing World.* ALA.

Helsingin kaupunki, kulttuurin ja vapaa-ajan toimiala(2021.6.16). Oodi's artificial intelligence app Obotti finds reading material for customers. https://www.sttinfo.fi/tiedote/69911947/oodis-artificial-intelligence-app-obotti-finds-reading-material-for-customers?publisherId=60579873

IFLA(1999). IFLA Statement on Libraries and Intellectual Freedom. https://repository.ifla.org/items/72090712-b389-450b-94df-e05fd6c582d4

IFLA(2020). IFLA statement on libraries and artificial intelligence. https://repository.ifla.org/handle/20.500.14598/1646

01
AI와 자료 조직

자료 조직은 도서관의 전문 영역 중 하나로, 도서관은 자료 조직을 통해 독자와 문헌을 연결하는 가교 역할을 해 왔다. 사서는 지식과 정보에 적절한 주제어 및 색인어를 부여하고 이를 통해 이용자가 원하는 정보를 찾을 수 있도록 돕는다. 그러나 최근 인공지능(AI)의 도입으로 이러한 전통적 업무 방식에 변화의 바람이 불고 있다. 도서관들은 AI를 활용해 방대한 텍스트 및 비텍스트의 서지 정보 생성을 실험하고 있다.

기후 위기와 인공지능?

AI 기반 도서관 메타데이터 생성 실험

자료 조직은 도서관과 사서가 보유한 핵심 전문 영역 중 하나다. 사서는 도서의 다양한 특성으로 구성된 각종 메타데이터를 목록으로 구축하여 이용자가 원하는 지식과 정보를 보다 쉽게 검색하고 접근할 수 있도록 지원한다. 목록에는 서명, 저자, 발행 정보 등 기본 메타데이터는 물론, 문헌 내용을 분석해 사서가 선정한 색인어와 주제어도 포함된다. 사서가 도서관 시스템에 이와 같은 메타데이터들을 정확하게 입력해야만 이용자는 검색을 통해 자신에게 필요한 문헌을 찾을 수 있다. 즉, 목록은 지식과 정보에 접근하기 위한 핵심 도구다.

목록은 사회 변화와 기술 발전에 따라 진화해 왔다. 중세 시대 필사본 장부 목록에서 시작해 20세기의 카드 목록, 그리고 21세기의 컴퓨터 기반 메타데이터 목록(Machine-Readable Cataloging)으로 발전했다. 이후 디지털 시대에 맞춘 목록 규칙인 RDA(Resource Description and Access)와 LOD(Linked Open Data) 기반 목록 방식으로 확장되며 웹 환경에서 도서 정보의 공유 가능성과 검색 효율성을 높이고 있다.

이러한 변화는 결국 이용자들이 필요로 하는 지식과 정보에 보다 빠르고 정확하게 접근할 수 있도록 지원해야 한다는 도서관의 사명에서 비롯된다. 인공지능(AI) 기술은 이 사명을 구현할 수 있는 주요 도구로 주목받고 있다. 그중에서도 규칙 체계를 기반으로 하는 정형화된 업무인 자료 조직은 AI가 가장 잘 지원할 수 있는 분야로 평가된다(Cox et al., 2019; Huang, 2024; 송현경 · 심효정, 2024). 이에 따라 핀란드, 네덜란드, 독일 등 각국의 국립도서관들을 중심으로 AI를 활용한 메타데이터 생성이 다양한 방식으로 시도되고 있다.

핀란드국립도서관(National Library of Finland)은 주제어 및 색인어를 선정하는 AI 응용프로그램 아니프(Annif)를 개발하고, 이를 기반으로 자동화된 주제 색인 서비스인 핀토 AI(Finto AI)를 운영하고 있다. 핀토 AI 누리집(ai.finto.fi)에 텍스트를 입력하면, 해당 내용에 적합한 주제어를 즉시 제안해 주며 누구나 무료로 이용할 수 있다(Finto AI; 국립중앙도서관 국제교류홍보팀, 2023).

네덜란드국립도서관(Koninklijke Bibliotheek)의 실험도 주목할 만하다. 네덜란드국립도서관 실험실에서는 사서 업무를 지원하기 위해 6개 대학의 박사논문 약 7,000건의 제목과 초록을 학습 데이터로 활용하여 AI가 적합한 주제어를 추천하는 체계를 구축했다. 사서는 추천된 주제어 중 최대 3개를 선택해 최종적으로 확정한다. 이처럼 인간이 AI의 판단 과정에 개입해 결과의 정확성을 높이는 방식을 HITL(Humans in the Loop)이라고 하며 AI와 인간의 협업의 필요성을 보여 준다(국립중앙도서관, 2021). 최근 네덜란드국립도서관은 이러한 실험을 확장해 데모사우루스(Demosaurus)와 레트로툴(Retrotool) 등 자동 메타데이터 생성 프로젝트를 진행하고 있다. 데모사우루스는 아니프를 기반으로 저자와 주제어를 표준 주제어 목록과 자동 연결한다. 레트로툴은 책의 제목 면과 판권지(발행정보면) 이미지를 인식해 주요 서지 항목을 자동 생성한다(National Library of the Netherlands, 2024).

독일국립도서관(Die Deutsche Nationalbibliothek)은 2006년 온라인 자료의 납본 제도 도입 이후 급증한 디지털 자료에 대응하고자 2010년대 후반부터 자동 색인을 본격적으로 실험 중이다. 이 과정에서 DDC 기반 주제 분류와 함께 간소화된 DDC 쇼트넘버(short number)를 활용하고 있다. DDC 쇼트넘버는 DDC에 비하여 주요 주제군을 상대적으로 간략히 표시하는 방식으로 대량의 자료를 효율적으로 처리할 수 있다. 또한 온라인 자료는 물리적 배열이 필요 없다는 점에서 이와 같은 간단한 분류 방식이 더욱 적합할 수 있다. 아울러 독일어권 국가에서 사용하는 표준 전거 데이터인 공동 전거 파일(GND)을 기반으로 자동 주제 색인을 병행하고 있다. 독일국립도서관은 이러한 자동 색인 방식에 대해 이용자 검색의 유용성을 기준으로 품질을 평가하며 지속적으로 개선하고 있다(Poley et al., 2025).

국내에서는 국립중앙도서관이 2022년 기준 AI 기반 도서 주제어 추천 시범서비스를 제공했다. 도서의 ISBN을 입력하면 제목과 목차를 자동으로 불러오며 주제어가 추천되는 방식으로 운영됐다(권연진, 2022).

AI 활용, 이미지 정보 추출부터 검색까지

AI 기술의 발전은 도서관의 시각 자료 처리 방식에도 변화를 가져오고 있다. 과거에는 이미지나 삽화 등 비텍스트 자료에 대한 색인과 검색을 수작업에 의존했지만 최근에는 기계학습 기반 이미지 분석 기술을 통해 이미지의 픽셀값, 색상, 질감, 모양 등의 시각적 특징을 자동으로 추출하고 이를 메타데이터로 전환하는 방식이 도입되고 있다. 도서관들은 AI의 패턴 인식 능력을 바탕으로 반복적이고 시간이 많이 드는 이미지 색인 작업을 자동화함으로써 인력 절감과 더불어 이용자의 검색 편의성을 향상시키고 있다.

미국의회도서관(LC, Library of Congress)은 실험실(LC Labs)을 통해 뉴스 내비게이터(Newspaper Navigator)라는 이미지 검색 체계를 개발해 1,635만 건이 넘는 신문 이미지를 대상으로 지도, 만화, 광고, 사진 등 156만 개 이상의 이미지를 검색할 수 있도록 지원했다. 이 체계는 AI가 자동 생성한 이미지 메타데이터를 사서가 검토, 보완함으로써 정확성을 확보하는 HITL 구조로 운영되었다(Library of Congress Labs, 2025).

일본 국립국회도서관은 차세대 디지털 도서관(Next Digital Library) 프로젝트를 통해 일러스트에서 특징을 추출해 유사한 일러스트를 검색하는 실험을 진행하고 있으며(국립중앙도서관, 2021), 2023년에는 검색 속도와 정확도를 높이고 다양한 유형의 이미지를 검색할 수 있도록 성능을 개선했다(NDL Lab, 2023). 이는 시각 정보를 기반으로 한 새로운 탐색 방식이자 도서관의 검색 패러다임을 확장하는 사례로 평가된다. 이러한 이미지 기반 검색 시스템들은 정책 보고서나 도서 표지, 이미지 등 시각적 요소를 활용해 관련 자료를 탐색할 수 있는 서비스로 확장되며 텍스트 기반 검색의 한계를 보완한다.

국내에서도 옛 문헌 자료를 보다 활용 가능성이 높도

록 처리하는 데 AI 기술을 활용하고 있다. 국립중앙도서관은 '옛 문헌 디지털화 플랫폼: 시민의 손길로 되살리는 과거의 기록' 프로젝트를 운영하고 있다. 1895년부터 1930년까지 발행된 옛 문헌을 대상으로 AI 기반 OCR (Optical Character Recognition) 기술로 텍스트를 1차 추출한 뒤, 일반 시민이 교정에 참여하는 시민 참여 프로젝트로 운영 중이다(국립중앙도서관, 2025).

학습 데이터로서 도서관 데이터의 중요성

도서관은 오랜 시간 동안 인류가 생산한 문헌을 체계적으로 분류하고 목록화하며 지식의 축적과 확산에 기여해 왔다. 오늘날 사서들이 구축한 정교한 메타데이터는 정보 탐색의 길잡이일 뿐 아니라 AI의 학습과 진화를 위한 기반 데이터로도 주목받고 있다.

AI가 효과적으로 작동하기 위해서는 고품질의 학습 데이터가 필수적이며, 이 가운데 황금 표준(Gold Standard) 데이터는 높은 신뢰성과 정확성을 지닌 데이터로 평가받는다. 도서관이 생산하는 메타데이터는 관련 전문가인 사서의 판단과 기준에 따라 정제된 결과물이기에 황금 표준 데이터로서의 자격을 충분히 갖출 수 있다(김희섭, 2025). 또한 이와 같은 신뢰도 높은 데이터는 편향된 학습 데이터를 기반으로 발생할 수 있는 AI의 편견을 완화하는 데에도 기여할 수 있다.

앞으로 도서관은 AI와 사서가 협업하는 HITL 구조를 통해 양질의 메타데이터를 더욱 신속하고 대규모로 생산할 수 있을 것으로 기대된다. 이는 폭발적으로 증가하는 온・오프라인 자료에 효율적으로 대응하는 전략인 동시에 AI 시대에 도서관이 사회에 기여할 수 있는 새로운 역할이기도 하다.

참고문헌

국립중앙도서관(2021). “인공지능(AI) 기술을 활용한 사서 업무 지원 도구 개발에 관한 연구”.

국립중앙도서관(2025). “공유서재 소개”. https://www.oak.go.kr/nl-ir/about/workshop

국립중앙도서관 국제교류홍보팀(2023.10.13). “자동 주제색인 도구 ‘아니프’, 이용성 더욱 확대 기대”. 국립중앙도서관 사서지원서비스 월드라이브러리 국외소식. https://librarian.nl.go.kr/LI/contents/L30303000000.do?schOpt5=continent&schM=view&page=1&viewCount=9&id=46744&schBdcode=&schGroupCode=

권연진(2022.8.8). “미래 도서관은 어떤 모습일까?”. 국립중앙도서관 블로그. https://blog.naver.com/dibrary1004/222839317501

김희섭(2025.4.2). “AGI 시대, 국립중앙도서관이 학습 데이터의 핵심이다”. 내일신문. https://www.naeil.com/news/read/543249

송현경·심효정(2024). “인공지능 활용에 대한 공공도서관 사서들의 인식 연구”. 《인문사회과학 연구》, 32(4), 509～544쪽.

Cox, A. M. et al.(2019). The intelligent library: Thought leaders' views on the likely impact of AI on academic libraries. *Library Hi Tech, 37*(3), pp.418～435.

NDL Lab(2023). 次世代デジタルライブラリーの画像検索の機能追加及び性能改善を行いました. https://lab.ndl.go.jp/news/2022/2023-02-21/

Finto AI. https://ai.finto.fi/?locale=en

Huang, Y.-H.(2024). Exploring the implementation of artificial intelligence applications among academic libraries in Taiwan. *Library Hi Tech, 42*(3), pp.885～905.

Library of Congress Labs(2025). Newspaper Navigator. https://labs.loc.gov/work/experiments/newspaper-navigator/

National Library of the Netherlands(2024). Automatic metadata generation at the KB. https://www.kb.nl/en/over-ons/projecten/automatisch-metadateren

Poley, C. et al.(2025). Automatic Subject Cataloguing at the German National Library. *LIBER Quarterly: The Journal of the Association of European Research Libraries, 35*(1), pp.1～29. https://doi.org/10.53377/lq.19422

02
AI와 도서 추천

도서관과 사서들은 다양한 방식으로 양질의 도서를 이용자에게 추천하고 있다. 특정 주제 아래 도서 목록을 제작해 배포하거나 흥미를 끌 수 있는 주제로 여러 도서를 묶어 전시하는 등의 활동이 그것이다. 최근엔 인공지능(AI)을 활용해 보다 정교한 이용자 맞춤형 도서 추천이 가능해지면서 도서관의 추천 방식에 변화가 나타나고 있다. 이는 독서 문화의 확장으로 연결된다.

노래하는 AI 보컬?

AI 기반 도서 추천 서비스의 확산

도서 추천 서비스는 도서관과 사서들이 이용자 집단을 대상으로 수행하는 것이 일반적이다. 개별 이용자가 사서에게 필요로 하는 도서에 대한 질의를 할 경우, 사서는 해당 이용자의 취향이나 상황에 맞는 보다 구체적인 도서를 추천할 수 있지만, 그렇지 않을 경우 도서관과 사서는 특정 주제 아래 다양한 도서를 묶어 소개하는 방식으로 도서를 추천하고 있다. 이는 도서 목록 제공이나 온·오프라인 전시 형태로 이루어지는 경우가 많다. 최근엔 도서 추천을 북큐레이션이라 하며 중시하는데, 한 해에 수만 종이 출간되는 상황에서 보다 양질의 도서를 추천하는 역할이 갈수록 중요시되고 있기 때문이다.

이와 관련하여 도서관과 사서들은 도서관 내에서 생성되는 다양한 데이터에 대한 분석을 기반으로 추천 도서를 선정하기도 한다. 데이터 분석을 기반으로 보다 과학적이고 논리적인 도서 추천이 가능해진 것이다. 예컨대, 다대출 도서에 대한 특징을 분석해 미대출 도서 중 유사한 특징을 가진 도서를 선별하여 전시하는 방식이 그것이다. 나아가 일부 도서관은 대출 이력, 검색 기록 등 개별 이용자 데이터를 기반으로 한 개인 맞춤형 추천 서비스를 제공하고 있다. 이처럼 사회 변화와 기술 발전에 대응하여 도서관은 개별 이용자의 취향과 상황에 최적화된 도서를 추천하고자 노력하고 있다.

이와 같은 맥락에서 최근 도서관들은 온·오프라인에서 인공지능(AI) 기반 도서 추천 서비스를 제공한다. 예를 들어 송파구통합도서관 누리집에서는 자료 검색-추천 도서 메뉴를 통해 AI 추천 도서 서비스를 이용할 수 있다. 해당 서비스는 이용자의 독서 이력과 취향을 분석하여 개인 맞춤형 도서를 제안한다. 연령 정보, 관심사, 관심 분야, 선호 도서를 단계적으로 입력하면, 이 정보를 바탕으로 적절한 도서를 자동으로 추천받을 수 있다(송파구통합도서관, 2025).

오프라인 환경에서도 AI 추천 시스템은 활발히 도입되고 있다. 스타트업 플라이북이 운영하는 무인정보단말기(키오스크) 플라이북 AI 에이전트가 대표적인 사례로, 2025년 4월 기준 전국 공공 도서관 255개 관에 설치되어 있다. 플라이북 AI 에이전트는 이용자의 성별, 기분, 관심사, 선호 장르, 독서 기록 등을 분석해 도서를 추천하는 기능을 갖췄다. 예를 들어, '요즘 어떠세요?'라는 항목에서는 '이별을 극복하고 싶어요', '답답해요', '떠나고 싶어요' 등 이용자의 감정 상태를 반영한 정서 기반 추천이 가능하다. 플라이북에 따르면 이는 도서관 이용자 수 증가에도 긍정적인 영향을 미친 것으로 나타났다. 이에 플라이북은 향후 공공 도서관뿐 아니라 학교 도서관 등 다양한 유형의 도서관으로 플라이북 AI 에이전트를 확대할 계획이다(송현경, 2025; 플라이북, 2025).

이처럼 AI 기반 도서 추천 서비스는 점차 고도화되고 있다. 이와 같은 도서 추천 서비스 알고리즘에는 도서의 내용적 유사성을 분석해 비슷한 책을 추천하는 콘텐츠 기반 필터링과 독서 취향이 비슷한 이용자들의 행동 패턴을 분석해 책을 추천하는 사용자 기반 협업 필터링이 널리 활용되고 있다(이상록 · 하란, 2024). 앞서 소개한 송파구통합도서관이나 플라이북 AI 에이전트 등도 일반적으로 이러한 기술에 기반해 개인 맞춤형 추천을 구현하는 것으로 알려져 있다.

이와 함께 도서관들은 AI 추천 기술을 직접 체험할 수 있는 체험 공간을 조성하고 있다. 국립중앙도서관은 실물 도서와 실제 사물 위에 영상을 투영하는 미디어 아트 기법인 인터랙티브 프로젝션 매핑(Interactive Projection Mapping) 기술을 결합한 AI 실감서재를 조성했다. AI 실감서재에 위치한 AI 책상은 사서 추천 도서 56권의 키워드를 분석해 개개인의 관심사와 취향에 맞는 도서를 찾도록 설계됐다. 스마트 책장은 AI 책상과 연계되어 이용자의 책 찾기 과정을 보다 직관적이고 흥미롭게 경험할 수 있도록 지원한다. 이용자가 AI 책상에서 관심 있는 키워드 및 키워드와 연결된 책 속 문장 카드를 선택하면 AI 사서가 스마트 책장에 있는 도서 중 1권을 LED 점등 표시로 알려 주는 방식이다. 실물 도서를 AI 책상에 올리면 AI 사서가 해당 도서를 분석해 다양한 멀티미디어 정보를 제공해 준다(국립중앙도서관, 2025).

해외에선 얼굴 인식부터 챗봇까지

해외에서도 AI 기반 온·오프라인 도서 추천 서비스는 갈수록 다양화되고 있다. 대만 고원과학기술대학 도서관은 자체적으로 AI 스마트 추천 도서(AI Wisdom Push Book) 체계를 개발했다. 얼굴 인식 기술을 활용해 이용자의 나이, 성별, 기분, 성향 등의 정보를 분석하고 이를 기반으로 신간이나 추천 도서를 제공하는 방식이다(PeoPo 公民新聞, 2018).

대만국립공공정보도서관은 생성형 AI를 적용한 스마트 큐레이터 샤오-슈(Xiao-Shu)를 개발해 도서 추천 및 채팅 서비스를 도입했다. 샤오-슈는 과거 2년 동안의 대출 기록과 최근 독서 취향을 기반으로 개인별 맞춤형 도서들을 추천한다. 대출 시 행동 특성과 선호도는 물론,

독서 관련 질문에 대한 답변을 바탕으로 독서 취향을 분석한다. 2년 동안의 기록을 바탕으로 책을 자주 빌리는 이용자와 그렇지 않은 이용자를 구분하며 책을 가끔 빌리는 이용자의 경우 자신이 좋아하는 도서나 관심 분야를 제공함으로써 적합한 도서를 추천받을 수 있다(류옌카이, 2025).

모바일 앱을 통한 AI 도서 추천 서비스를 제공하는 도서관도 있다. 핀란드 헬싱키에 위치한 오디중앙도서관은 2021년 오보티(Obotti) 앱을 통한 도서 추천 서비스를 도입했다. 앱에는 6가지 주제별 챗봇이 탑재돼 있으며 각 챗봇은 고유의 관심사를 갖고 있어 이용자가 자신의 취향에 맞는 챗봇을 선택하면 해당 챗봇의 관심사와 이용자가 그간 선택했던 도서 등을 기반으로 책을 추천받을 수 있다. 챗봇은 이용자와의 상호 작용을 통해 취향을 학습하고, 이에 맞는 도서를 지속적으로 제안한다(Helsingin kaupunki, kulttuurin ja vapaa-ajan toimiala, 2021).

이 외에도 사서 및 사서교사가 도서 추천을 하는 데 생성형 AI의 도움을 받을 수 있다는 논의도 이어지고 있다. 미국 학교도서관저널(School Library Journal)은 2024년 '도서관을 위한 AI: 독서 상담 업무에서의 활용(AI for the library: Reader's Advisory Tasks)'에서 학교 도서관에서 생성형 AI를 활용해 학생들의 흥미를 유발하며 도서를 추천해 주는 법을 알려 준다(Malespina, 2024).

AI 추천이 만드는 독서 문화의 확장

AI 기반 도서 추천 서비스는 흥미로운 방식으로 개인별 추천 도서를 제공한다는 점에서 독서 문화의 확장으로 연결될 수 있다. 특히, 평소 책을 많이 읽지 않아 어떤 책을 읽어야 할지 몰라 독서를 망설이던 비독자들에겐 필요로 하는 책을 보다 쉽게 만나는 계기가 될 수 있다.

또한, 독자들은 책을 읽는 것을 넘어 콘텐츠 생산자로 성장할 수 있다. 최근 도서관들은 이용자들의 AI 리터러시를 향상하기 위해 생성형 AI 기반 글쓰기 등 AI 관련 다양한 교육 프로그램을 운영하고 있다. 이를 통해 이용자들은 생성형 AI의 활용법을 자연스럽게 익히고 자신만의 글을 창작하는 법을 배울 수 있다.

나아가 AI 도서 추천은 출판계에도 영향을 줄 수 있다. 알고리즘을 기반으로 한 도서 추천 체계는 인기 있는 도서 20%가 아닌 비인기도서 80%, 즉 롱테일 콘텐츠(Long tail contents)에 주목하는 계기가 될 수 있다. 일반적으로 독자들은 베스트셀러를 선택해 읽곤 하지만 알고리즘을 기반으로 개인별 추천 도서가 제공된다면 베스트셀러가 아닌 양질의 도서에 독자들이 관심을 가질 수 있다. 이에 따라 전체 도서 시장에서는 잘 보이지 않던 도서들이 독자들을 만나는 선순환이 나타날 수 있다.

참고문헌

국립중앙도서관(2025.4.1). "사서 큐레이션 'AI 실감서재'로 이용자들의 독서 취향을 묻다". 《오늘의 도서관》, 331. https://blog.naver.com/dibrary1004/223817488878

류옌카이(2025.3.7). "스마트도서관의 전담 독서 컨설턴트: 대만국립공공정보도서관 'AI 도서 추천' 서비스". 국립중앙도서관 월드라이브러리 사서칼럼. https://librarian.nl.go.kr/LI/contents/L30201000000.do?schM=view&id=50552&schBcid=BBSMSTR_451

송파구통합도서관(2025). "AI 추천도서". https://www.splib.or.kr/intro/menu/10014/program/30010/aiRecommendBook.do

송현경(2025.4.3). "[도서관 AI서비스] 생성형 AI 시대… 학술챗봇 도입·자체 개발도". 내일신문. https://www.naeil.com/news/read/543367

이상록·하란(2024). "챗봇과 임베딩 모델을 활용한 도서 추천 알고리즘". 《2024 한국소프트웨어종합학술대회 논문집》, 1526~1528쪽.

플라이북(2025). "플라이북 AI 에이전트". https://www.flybook.kr/ai

PeoPo 公民新聞(2018.10.1). 人工智慧應用於圖書館 高苑科大開發「AI智慧推好書」. https://www.peopo.org/news/379781

Helsingin kaupunki, kulttuurin ja vapaa-ajan toimiala(2021.6.16). Oodi's artificial intelligence app Obotti finds reading material for customers. https://www.sttinfo.fi/tiedote/69911947/oodis-artificial-intelligence-app-obotti-finds-reading-material-for-customers?publisherId=60579873

Malespina, E.(2024.7.23). AI for the Library: Readers' Advisory Tasks. School Library Journal. https://www.slj.com/story/ai-for-the-library-readers-advisory-tasks

03
AI와 독서 지원

도서관은 오랜 기간 다양한 방식으로 이용자의 독서 생활을 지원해 왔다. 인공지능(AI) 시대에 독서 지원 방식은 더욱 발전했다. 최근 도서관은 고령층이나 시각장애인을 위해 AI 기반 오디오북 서비스를 제공하고 있다. 또한 생성형 AI 기반 요약 서비스를 제공해 정보의 바다에서 이용자가 원하는 정보에 더욱 효과적으로 접근할 수 있도록 돕는다.

인공지능과 편향?

독서 취약 계층 위한 AI 기반 기술 활용

도서관은 전통적으로 활자를 중심으로 지식과 정보를 전달해 왔다. 그러나 모든 이용자들이 활자 매체에 동일하게 접근할 수 있는 것은 아니다. 고령층이나 시각장애인 등 독서 취약 계층은 활자 접근 자체에 제약을 받는다. 이에 도서관은 오랜 기간 시각장애인을 포함한 장애인과 고령층 등 독서 접근성이 낮은 이용자를 위한 다양한 서비스를 운영해 왔다. 도서관은 작은 글씨를 읽기가 어려운 고령층을 위해 큰글자책을 비치하고 있으며, 저시력자나 시각장애인을 위해 돋보기, 독서확대기 등 여러 독서 보조 기기를 제공하고 있다. 또한, 오디오북 보급이 증가하면서 듣는 독서에 대한 수요가 늘고 있다. 2024년 기준, 장애인의 전자책 및 오디오북 이용률은 12.8%로 집계되었다(국립장애인도서관, 2024).

인공지능(AI) 시대의 도래와 함께 독서 취약 계층을 보다 효과적으로 지원하고 정보 격차를 줄이기 위한 새로운 형태의 독서 지원 서비스가 등장했다. AI 음성 합성 기술인 TTS(Text to Speech)를 기반으로 한 오디오북 서비스가 그것이다. 예컨대, LG상남도서관은 LG유플러스 등 LG 계열사와 협력하여 세계 최초 유비쿼터스 시각장애인도서관을 표방하며 책 읽어주는 도서관(voice.lg.or.kr)

을 운영 중이다. 책 읽어주는 도서관은 네이버 AI 플랫폼 클로바(CLOVA)와 연계되어 클로바 앱과 스마트 스피커를 통해 음성으로 도서를 검색하고 들을 수 있는 서비스를 제공한다. 장 및 절, 단어 검색, 책갈피 삽입 등 편의 기능도 제공한다. 이는 AI 시각보조앱 설리번+를 통해 영어 등 5개 언어로도 서비스되고 있다(문화체육관광부, 2023; 책 읽어주는 도서관, 2025; 클로바, 2025).

안경테에 부착할 수 있는 AI 기반 시각 보조 장치도 도서관에서 활용되고 있다. 이 장치는 인쇄된 텍스트를 인식한 다음 TTS 기술을 기반으로 실시간으로 음성으로 변환하여 이용자에게 전달해 준다. 장치에 부착된 소형 카메라가 인식한 글자를 귀 근처 스피커나 블루투스 헤드폰을 통해 음성으로 들려주는 방식이다. 일본 도쿄 토시마구립중앙도서관은 2019년 도서관 내 점자도서관에서 이 장치를 체험할 수 있는 독서 체험 프로그램을 진행했다. 이 장치를 이용하면 양손을 자유롭게 쓸 수 있으며 점자책이 아닌 일반 도서 및 인쇄물에도 접근할 수 있다(국립중앙도서관, 2021a; 豊島区立中央図書館, 2019).

TTS 기술은 단순한 문자의 음성 변환을 넘어 화자의 감정과 억양, 언어적 특성까지 반영할 수 있는 수준으로 발전하고 있다. 이는 도서관이 단순히 음성 기반 자료를 제공하는 차원을 넘어 이용자의 맥락에 맞춘 맞춤형 독서 경험을 구현할 수 있다는 점에서 의미를 지닌다. 최근 전자책 플랫폼인 밀리의서재와 리디 등은 사람이 직접 읽는 듯 느껴지는 자연스러운 음성을 구현한 TTS 서비스를 선보였으며(황규락, 2024; 안희정, 2025), 이용자들로부터 긍정적인 반응을 얻고 있다. 또한 TTS 기술 중 하나인 딥보이스(Deep Voice)는 단 3초 정도의 짧은 음성만으로도 화자의 음성을 복제해 활용할 수 있어(문화체육관광부, 2023), 보다 간편하게 저자의 목소리로 오디오북을 제작하는 일이 기술적으로는 실현 가능해졌다.

AI 기술 기반, 보다 효과적인 정보의 탐색

도서관은 이용자의 물리적 한계를 지원하는 것은 물론, 이용자가 지식과 정보를 보다 정확하고 빠르게 탐색할 수 있도록 지원해 왔다. 도서관과 사서는 도서의 서평을 제공하여 양질의 도서를 소개함으로써 이용자가 필요로 하는 도서를 쉽게 발견할 수 있도록 지원한다. AI 시대에 도서관은 서평을 넘어 생성형 AI를 활용하여 도서 및 논문 요약을 제공하는 방식으로 이용자의 정보 탐색을 지원할 수 있다. 생성형 AI가 잘 수행할 수 있는 작업 중 하나가 문헌을 읽고 요약하여 정리하는 작업이기 때

문이다. 생성형 AI는 연구 논문의 핵심을 간결한 언어로 요약하고 추출할 수 있을 정도로 발전했다(Glickman & Zhang, 2024). 이를 통하여 이용자는 보다 효율적으로 필요로 하는 정보를 습득할 수 있으며 여러 분야의 전문 도서 및 학술 논문에 보다 쉽게 접근할 수 있다.

생성형 AI 기반 요약 서비스는 대학 도서관과 연구도서관을 중심으로 주로 학술 논문 요약에 활용되고 있다. 해외의 경우, 마이크로소프트 공동 설립자인 폴 앨런이 설립한 비영리기구 AI2는 AI 기반 논문 요약을 제공하는 학술 검색 도구 시맨틱 스칼라(Semantic Scholar)를 개발해 운영하고 있다. AI2는 시맨틱 스칼라를 통하여 2억 건 이상의 학술 논문을 색인화하여 제공하며 각 논문에 대한 요약을 함께 제시한다(Semantic Scholar, 2025).

국내의 경우, 한국과학기술정보연구원(KISTI)은 과학기술 지식인프라 사이언스온(ScienceOn)을 통하여 논문 요약 서비스를 제공하고 있다. 이 서비스는 논문 내 문장을 연구 주제, 연구 방법, 연구 결과 등으로 분류하는 방식을 통해 핵심 내용을 자동으로 도출한다. 또한 부가 서비스인 AI-헬퍼(AI-Helper)는 논문에서 선택한 문장을 요약하고 번역할 뿐 아니라 관련 용어에 대한 설명까지 제공한다. AI-리뷰어(AI-Reviewer)는 논문을 연구

목적, 연구 방법, 주요 결과, 한계점 등 11가지 항목으로 분석하여 제공한다. 이와 같은 서비스를 위하여 KISTI는 AI 언어 모델 코니(KONI)를 자체 개발하여 활용하고 있다(사이언스온, 2025). 교수 및 연구자, 학생들은 사이언스온, 시맨틱 스칼라 등과 같은 서비스를 바탕으로 보다 신속하게 방대한 지식을 탐색할 수 있다.

국립중앙도서관과 국회도서관에서도 AI 기반 요약 서비스를 제공하고 있거나 제공한 바 있다. 국회도서관의 경우, 2025년 4월 기준 입법 활동에 대하여 시범적으로 생성형 AI 기반 요약 서비스를 제공하고 있다. AI 100자 요약 서비스는 이용자가 검색한 자료 내용을 100자 내외로 압축해 제공하는 서비스다. 또한 개인 문서의 핵심을 자동으로 요약해 다운로드할 수 있는 자료 요약 서비스를 제공하고 있다. 국회도서관은 향후 일반인을 대상으로도 이와 같은 서비스를 제공할 계획이다(국회도서관, 2025).

국립중앙도서관의 경우, 2021년 기준 AI 기반 도서 및 논문 요약을 체험해 볼 수 있는 AI 요약 서비스를 운영했다(국립중앙도서관, 2021b). 향후 더 많은 도서관이 이와 같은 요약 서비스를 제공하게 된다면, 시민들은 일상 속에서 필요한 자료를 보다 쉽게 찾고 활용할 수 있을 것이다.

도서관, 알 권리 충족하는 사회적 기관

도서관은 정보의 민주적 유통을 위한 사회적 기관으로 오랜 기간 시민의 알 권리를 충족하기 위하여 역할을 해왔다. 특히 도서관은 AI 등 새로운 기술 도입에 앞서 그 기술이 도서관의 철학과 어떻게 결합될 수 있는지를 고민해야 하는 기관이다. 이러한 점에서 정보 격차 해소를 포함하여 이용자의 독서 지원을 위한 AI 기술 도입은 단순한 혁신이 아니라 도서관의 사회적 가치를 실현하는 수단으로 이해될 수 있다.

TTS 기술과 AI 기반 시각 보조 장치는 도서관이 독서 취약 계층의 알 권리를 보장하고 정보 격차를 줄이는 데 효과적인 도구가 될 수 있다. 또한 논문 요약 서비스는 시민들이 필요로 하는 지식과 정보를 신속하게 탐색하고 확장하는 데 기여할 수 있다. 앞으로도 도서관은 AI 기반 독서 지원 기술을 적극적으로 활용할 것이다. 이를 통해 시민의 알 권리를 보장하고, 사회적 정보 격차를 줄이는 공공기관으로서의 역할을 한층 더 강화해 나갈 것으로 기대된다.

참고문헌

국립장애인도서관(2024). "2024년 장애인 독서활동 실태조사".

국립중앙도서관(2021a). "인공지능(AI) 기술을 활용한 사서 업무 지원 도구 개발에 관한 연구".

국립중앙도서관(2021b.4.20). "인공지능이 서비스하는 검색과 요약, 체험해 보세요". https://www.nl.go.kr/NL/contents/N50603000000.do?schFld=0&schStr=%EC%9D%B8%EA%B3%B5%EC%A7%80%EB%8A%A5&schM=view&page=4&ordFld=regdt&ordBy=DESC&viewCount=9&id=38537&schBdcode

국회도서관(2025.4.1). "국회도서관, 국가 AI 지식 Hub로의 도약 준비". https://www.assembly.go.kr/portal/bbs/B0000051/view.do?nttId=3585997

문화체육관광부(2023). "지역중심의 차세대도서관 거버넌스 구현을 위한 모델 연구".

사이언스온(2025). "Science ON 개요". https://scienceon.kisti.re.kr/por/intr/selectPORScienceONIntrcn.do?aboutCd=3

안희정(2025.3.18). "리디, 'AI TTS' 도입… "사람처럼 읽어드려요"". ZDNET Korea. https://zdnet.co.kr/view/?no=20250318085313

책 읽어주는 도서관(2025). "책 읽어주는 도서관 소개". https://voice.lg.or.kr/info/introduce-dtb.dtb

클로바(2025). "책 읽어주는 도서관". https://www.clova.ai/ko/skillstore/skill/com.uplus.ucfc.v2.csr.lgsangnam

황규락(2024.7.18). "억양·발음·높낮이 조절, 감정 표현도… 인간처럼 글 읽어주는 AI". 조선일보.
https://www.chosun.com/economy/tech_it/2024/07/18/WG6DPL7ESBGVFEJZZZ6EWFZEUI/

豊島区立中央図書館(2019.11.13). ひかり文庫にて、AI視覚支援デバイス「オーカム」を使った読書体験を実施中. カレントアウェアネス-R. https://current.ndl.go.jp/car/39497

Glickman, M. & Zhang, Y.(2024). AI and generative AI for research discovery and summarization. *Harvard Data Science Review, 6*(2), pp.1～29.

Semantic Scholar(2025). About Semantic Scholar. https://www.semanticscholar.org/about

04
AI와 로봇

사서는 도서 정리, 도서관 안내 등 반복적이고 물리적인 업무에 많은 시간을 할애하고 있다. 최근 이러한 업무의 일부를 자동화하고자 인공지능(AI) 기술이 적용된 로봇이 도서관에 도입되고 있다. 장서 점검이나 도서관 안내를 비롯해 어린이에게 책을 읽어 주며 상호 작용하는 로봇까지 등장했다.

청각장애인과 AI?

AI 로봇이 도서 관리하고 장서 점검

사서는 도서 정리, 장서 점검, 정보 서비스 제공, 독서 문화 프로그램 기획, 정책 개발 등 다양한 업무를 수행하고 있다. 이 업무 중에는 도서 정리, 장서 점검, 이용자의 간단한 질의에 대한 응답 등 단순 반복 업무가 포함돼 있다. 이에 최근 관련 업무를 수행하는 로봇을 도입하는 도서관이 늘고 있다. 사서 입장에선 단순 반복 업무가 줄어들어 이용자를 위한 보다 양질의 서비스를 제공하는 데 주력할 수 있다. 특히, 로봇에 인공지능(AI) 기술이 도입되면서 도서관 안내 및 이용자와의 상호 작용 등 로봇이 할 수 있는 업무 범위가 넓어지고 있다.

도서관 운영에서 가장 중요하면서도 단순 반복적 업무이자 시간을 많이 할애해야 하는 업무 중 하나는 도서 정리 및 장서 점검이다. 이에 장서를 점검하는 장서 점검 로봇이 개발됐다. 기존 장서 점검 로봇은 RFID(Radio-Frequency Identification)를 기반으로 서가를 스캔하여 잘못 비치된 도서를 탐지했다(Lewis, 2016).

최근엔 장서 점검 로봇에 AI 기술이 적용되어 로봇이 보다 정교하고 지능적으로 역할을 할 수 있게 됐다. 예를 들어, 2020년 중국에선 장서 점검 로봇인 투커 로봇이 공개되었다. AI 기술을 포함해 RFID 기술, 컴퓨터가 이미지나 영상을 보고 인식하는 컴퓨터 비전, 빅데이터 처리 기술 등이 적용되었다. 투커 로봇은 이용자가 없는 야간에 자동으로 도서 정리 업무를 시작해 완료하며 담당자에게 데이터를 보고한다(Yoo, 2020). 또한, 중국 톈진대학교 도서관은 2019년 AI 기술이 적용된 도서 관리 로봇 즈투 로봇을 설치해 운영했다. 이 로봇은 도서의 정확한 위치를 파악하고 도서를 관리하는 데 활용되며, 이용자의 관심사를 분석해 도서를 추천하는 기능도 수행한다. 즈투 로봇에는 AI 기술 외에도 스스로의 위치를 인식하는 위치 인식 기술, 주변 환경의 구조를 파악하고 지도를 작성하는 지도 구축 기술 등이 적용되었다(Yoo, 2019).

국내 도서관들도 장서 점검 로봇을 활용하는 추세다. 2019년 말 개관하며 국내 최초로 도입된 여수시립이순신도서관의 장서 점검 로봇은 도서관 곳곳을 돌며 잘못 배치된 도서의 위치들을 찾아낸다. AI 알고리즘을 통해 6시간이면 수만 권의 도서를 점검할 수 있으며 센서를 통해 이용자들의 동선을 감지해 이동할 수 있다(구아현, 2020).

소셜 로봇, 이용자 안내하고 상호 작용

도서관에서는 방문한 이용자를 안내하고 이용자와 상호

작용하는 데 특화한 휴머노이드 로봇(Humanoid Robot)도 활용되고 있다. 이는 소셜 로봇(Social Robot)이라고도 불린다. 휴머노이드 로봇 혹은 소셜 로봇이란 로봇 공학의 발전과 AI 기술의 결합으로 개발된 로봇으로 주변 환경을 인지하고 사람의 얼굴을 인식하며 소통할 수 있는 로봇이다. 사람과 유사하고 똑똑하고 유연하며 사람에게 친화적인 로봇을 의미한다(Nguyen, 2020). 이와 같은 로봇은 이용자가 도서관을 친근하게 느끼고 자주 도서관을 방문하게 하는 데 긍정적 역할을 할 수 있다.

소셜 로봇 사례로 남아프리카공화국 프리토리아 대학 도서관 로봇 리비(Libby)를 들 수 있다. 프리토리아대학교는 4차 산업혁명에 발맞추고자 하는 노력의 하나로 2019년 아프리카 대학 도서관 중 최초로 도서관 안내, 질의응답 등 이용자 서비스를 수행하는 로봇을 도입했다. 높이 90cm, 무게 19kg 정도의 리비는 60개 이상의 센서와 카메라 소프트웨어 통합기능을 갖추고 있으며 IBM의 AI 시스템인 왓슨과 연결돼 주어진 질의를 처리한다. 이용자와 상호 작용하며 춤을 추거나 음악을 틀어 주며 머리를 쓰다듬는 행위에 긍정적으로 반응한다(University of Pretoria, 2019).

일본 도서관들은 2015년부터 로봇 페퍼를 도입하여

활용했다. 높이 약 120cm, 무게 약 29kg로 머리, 가슴, 손, 다리에 다양한 센서가 있으며 가슴에 터치 디스플레이를 탑재했다. AI 기술을 탑재해 데이터 축적을 통한 학습, 채팅, 감정 표현 등이 우수하다. 에도가와시립도서관 등은 도서관에서 자주 사용하는 약 1,500개의 단어를 수집해 데이터베이스를 구축하고 이를 도서관 시스템과 연계하여 자료 검색, 좌석 예약, 도서관 · 지역 안내, 질의응답 등의 서비스를 제공했다(Harada, 2019).

국내에서는 과학기술정보통신부 사업의 일환으로 한국문화정보원을 중심으로 문화 기반 시설의 문화 해설을 담당하는 로봇 큐아이가 개발되었으며 국립중앙도서관, 국립어린이청소년도서관 등에 도입되었다. 국립어린이청소년도서관의 큐아이는 도서관 안내와 함께 로봇이 책을 읽어 주는 책읽어주세요 서비스를 진행하여 어린이들의 관심을 끌고 있다. 큐아이의 경우, 이용자가 하는 질문에 자연스러운 답변을 제시하도록 AI 기술을 활용해 데이터를 분석하고 매주 보완하는 작업을 거친다(국립중앙도서관, 2019; 송현경, 2025; 한국문화정보원, 2025).

나아가 로봇은 책을 읽어 주는 등 이용자들의 독서 활동을 지원할 수 있다. 우리나라의 경우, 2019년 관계부처 합동으로 발표한 AI 국가전략에 도서관의 리드투로봇(Read to a Robot)이 명시되어 있다(관계부처 합동, 2019). 이에 따라 2022년 AI 기반 독서 활동 지원 로봇 연구개발 사업이 착수되어 2024년까지 기술 개발 및 검증 작업이 진행되었으며 국립어린이청소년도서관이 도서관 정보 제공 및 프로그램 의견 제시, 테스트 지원 등을 담당했다.

이 과정에서 개발된 로봇이 이동 안내 로봇과 리드투도그(Read to a dog) 로봇이다. 이동 안내 로봇은 어린이가 좀 더 쉽게 원하는 도서를 찾을 수 있도록 사전에 도서관 구조, 도서 위치 정보 등을 입력하면 로봇이 자율주행을 하여 어린이들이 원하는 도서까지 이동할 수 있도록 개발되었다. 리드투도그 로봇은 어린이가 책을 읽어 주는 소리에 반응을 하는 로봇이다. 음성인식 기술, 음성 및 영상 기반 감정인식 기술, 대화 모델링, 감정 표현 기반 동작 제어 기술, 촉각 센서 이용 행동 인식 기술 등이 적용되었다. 2024년 어린이들을 대상으로 테스트를 진행하였는데 어린이들은 강아지 로봇에게 책을 읽어 주고 이에 대한 로봇의 반응을 접할 수 있다는 점에서 흥미로워했다. 이와 함께 국립어린이청소년도서관은 책을 읽어 주며 교감하는, 책 읽어 주는 로봇 루카를 도입해 운영하고 있다.

또한, 경상남도교육청 창원도서관의 경우, 9종 46대의 로봇을 활용하고 있다. 장서 점검 로봇에서부터 안내 로봇은 물론, AI 기술을 적용하여 책을 읽어 주는 로봇인 부엉이 모양의 아띠봇 25대를 갖추고 있다.

이 외에도 도서관에서 로봇은 교육 및 학습용으로 활용된다. 국립어린이청소년도서관은 AI 로봇 리쿠, 루나 등을 활용하여 체험 및 창작 강의를 진행한다. 리쿠는 AI 감성 로봇으로 사람과 교감 능력이 뛰어나며 루나는 강아지 형태의 로봇으로, 인식된 상대방을 따라다니는 등 교감 능력을 갖추고 있다(송현경, 2025).

도서관, 기술 체험 거점 공간으로 확장

도서관에서 AI 로봇 활용은 갈수록 증가할 것으로 전망된다. 기술이 상용화되면서 로봇 가격이 낮아지고 사서의 단순 반복 업무가 절감되면 이용자들을 위한 보다 양질의 서비스가 가능해진다는 것을 많은 도서관들이 체감할 수 있다. 이에 따라 사서와 로봇이 협업하며 도서관을 운영하는 방식에 대한 고민이 필요할 것으로 보인다. 사서가 반드시 해야 하는 업무와 그렇지 않은 업무를 구분하고 로봇이 수행할 수 있는 업무에 대해 적극적으로 로봇을 활용함으로써 사서는 사서만이 할 수 있는 정보 서비스 제공 및 기획, 정책 업무 등에 보다 집중할 수 있다.

나아가 이용자들은 도서관에서 보다 가까이 AI 기술을 체험함으로써 앞으로 다가올 AI 시대에 대비할 수 있다. AI 국가전략에는 도서관 등 국민과 밀접한 공간을 활용하여 장소와 이용자의 특성에 맞는 다양한 AI 체험·교육을 실시한다는 내용이 포함돼 있다. AI 감수성 체험의 하나로 리드투로봇을 제시하기도 했다(관계부처 합동, 2019).

도서관은 어린이부터 고령층까지 누구나 편하게 방문할 수 있는 문화 기반 시설이다. 이용자들은 누구나 도서관에서 AI 기술을 체험하고 AI 리터러시를 자연스럽게 익힐 수 있다. 이에 따라 미래 도서관은 지식 정보 거점 기관에서 기술 체험 거점 공간으로 확장될 수 있다.

참고문헌

관계부처 합동(2019). "인공지능 국가전략".
https://www.msit.go.kr/bbs/view.do?sCode=user&mId=307&mPid=208&bbsSeqNo=94&nttSeqNo=2405727

구아현(2020.1.31). "여수 이순신도서관 '장서점검 로봇' 인기… 개관 한 달여 만에 10만명 '훌쩍'". AI타임스.

https://www.aitimes.com/news/articleView.html?idxno=125359
국립중앙도서관(2019.12.19). "로봇이 안내하는 도서관". https://www.nl.go.kr/NL/contents/N50603000000.do?schFld=0&schStr=%EB%A1%9C%EB%B4%87+&schM=view&page=1&ordFld=regdt&ordBy=DESC&viewCount=9&id=21639&schBdcode=&schGroupCode=
송현경(2025.6.12). "[도서관 로봇] 로봇 활용 다각화로 운영 효율성 높아져". 내일신문. https://www.naeil.com/news/read/550851
한국문화정보원(2025). "디지털 신기술 구축: 지능형 문화정보 큐레이팅봇 큐아이". https://www.kcisa.kr/kr/contents/buss_service_01_02_03/view.do
Yoo, E.(2019.12.4). "중국 톈진대학, 도서관 로봇 '즈투' 도입". 로봇신문. https://www.irobotnews.com/news/articleView.html?idxno=18972
Yoo, E.(2020.7.10). "中 도서관 로봇, '폐관 후 야간에 도서 정리'". 로봇신문. https://www.irobotnews.com/news/articleView.html?idxno=21440
Harada, T.(2019). Robotics and artificial intelligence technology in Japanese libraries. https://library.ifla.org/id/eprint/2695/1/s08-2019-harada-en.pdf
Lewis, D.(2016.6.14). This Robot Librarian Locates Haphazardly Placed Books. Smithsonian Magazine. https://www.smithsonianmag.com/smart-news/robot-libr

arian-locates-haphazardly-placed-books-180959381

Nguyen, L. C.(2020). The impact of humanoid robots on Australian public libraries. *Journal of the Australian Library and Information Association, 69*(2), pp.130~148.

University of Pretoria(2019.5.28). UP Libraries steps into future as it 'employs' robot to help students. https://www.up.ac.za/news/post_2814363-up-libraries-steps-into-future-as-it-employs-robot-to-help-students

05
AI와 챗봇

도서관을 포함한 다양한 분야에서 챗봇이 활용되고 있다. 최근엔 규칙 기반(rule-based) 챗봇을 넘어 생성형 인공지능(AI)을 적용한 챗봇을 운영하는 추세다. 이용자들은 도서관을 방문하지 않고도 언제 어디서나 챗봇과 상호 작용하며 도서관과 관련된 다양한 궁금증에 대해 답변을 받을 수 있다. 단순 질의응답을 넘어 다양한 학술 서비스도 제공받을 수 있다.

AI 콘텐츠 크리에이터?

더욱 정교해지는 생성형 AI 기반 챗봇

챗봇은 텍스트 또는 음성 지시를 통해 사용자와 인간처럼 상호 작용하는 지능형 대화형 소프트웨어를 의미한다. 챗봇은 규칙 기반(rule-based) 챗봇, 메뉴 혹은 버튼 기반 챗봇, 인공지능(AI) 기반 챗봇 등 다양한 유형이 있다. 이들 기술을 결합한 하이브리드 챗봇도 존재한다. 이중 규칙 기반 챗봇, 메뉴 기반 챗봇 등 생성형 AI가 등장하기 이전의 챗봇은 대체로 사전에 프로그램된 응답이나 정해진 선택지를 제공하는 방식으로 사용자들과 소통해 왔다.

생성형 AI가 등장한 이후의 챗봇은 기계학습과 자연어 처리(Natural Language Processing) 등 최신 AI 기술을 활용하여 사용자의 질문에 응답한다. 자연어 처리는 AI의 한 분야로, 컴퓨터가 인간의 언어를 이해하고 처리할 수 있도록 지원하는 기술이다. 이는 챗봇이 대화의 맥락을 이해하고 반응할 수 있도록 한다. 이에 따라 최신 AI 챗봇의 경우 이전 대화를 참고하고 학습하여 이용자의 질문에 더욱 정교하게 반응할 수 있다(SJSU Dr. Martin Luther King, Jr. Library, 2025a).

도서관 챗봇은 사서 입장에선 질의응답에 투자하는 업무 시간을 줄여 보다 양질의 서비스를 기획하고 추진

할 수 있게 지원해 준다는 장점이 있다. 또한, 도서관으로선 챗봇을 통해 이용자가 보다 흥미롭게 도서관 누리집에 머무르게 할 수 있고 도서관의 홍보 수단으로도 활용할 수 있다(SJSU Dr. Martin Luther King, Jr. Library, 2025b).

이용자 입장에선 24시간 365일 실시간으로 편리하게 해당 도서관과 상호 작용할 수 있어 관련 내용을 파악하기 위해 들여야 하는 노력과 시간을 대폭 절감할 수 있다. 또한, 특정 내용에 대해 잘 알지 못하는 상태에서 대면으로 질문을 하는 데 따른 부담감 등 도서관 이용에 따른 도서관 불안(Library Anxiety)을 줄여주기도 한다(유지윤, 2020). 이와 같은 맥락에서 도서관은 챗봇 운영에 지속적으로 관심을 기울여 왔다.

연구 주제 제안하고 관련 논문 추천도

생성형 AI가 등장하기 이전에도 AI 기술은 챗봇에 활용되어 왔다. 미국의회법률도서관(Law Library of Congress)은 2017년 챗봇을 도입하여 주요 법률 자료, 법률도서관 연구 지침 및 외국 법률 연구 자료를 안내하기 시작했다. 미국의회법률도서관의 경우, 대표적인 소셜네트워크서비스 페이스북을 통해 챗봇 서비스를 제공했으며 사서에게 물어보세요(Ask A Librarian) 서비스를 연계하여 챗봇을 통해 해결이 안 되는 궁금증은 사서에게 질의응답을 할 수 있도록 했다. 일본 도쿄도립중앙도서관은 2020년 AI 기술을 기반으로 소셜네트워크서비스 라인(LINE)을 통하여 챗봇을 시범 운영했다(국립중앙도서관 국제교류홍보팀, 2017; 2021).

국내에서도 국회도서관, 대학 도서관, 공공 도서관 등 상당수 도서관에서 챗봇이 도서관 누리집과 소셜네트워크서비스 등을 기반으로 이용자에게 서비스되었다(국립중앙도서관, 2021).

최근 도서관은 생성형 AI를 적용한 챗봇을 기반으로 이용자들의 보다 다양한 질의에 답변하고자 노력하고 있다. 캐나다 캘거리대학교 도서관은 2021년 AI 기반 챗봇 티-렉스(T-Rex)를 도입했다. 티-렉스는 거대언어모델(Large Language Model)과 검색증강생성(Retrieval-Augmented Generation) 기술을 적용하여 거대언어모델이 학습하지 않은 내용도 검색을 통해 확인하고 답변할 수 있도록 설계되었다. 캘거리대학교 도서관의 경우 2010년대 초반부터 이용자를 대상으로 사서가 직접 실시간 채팅 서비스를 제공해 왔으며 코로나19를 지나면서 급증하는 수요에 대응하여 AI 기반 챗봇 도입을 검토

했다(Bryant, 2024). 미국 산호세주립대학교 도서관의 경우, 2024년 킹봇GPT(KingbotGPT)를 GPT-4o 미니 등을 적용해 구축하여 이용자가 보다 상호 작용적인 챗봇을 이용하도록 했다. 이는 산호세주립대학교 도서관의 초기 챗봇인 킹봇(Kingbot)의 실험적이며 고도화된 버전이다(SJSU Dr. Martin Luther King, Jr. Library, 2025c).

국내의 경우, 국회도서관이 AI 사서 나비를 챗봇의 형태로 운영하고 있으며 이는 거대언어모델과 검색증강생성 기술을 적용한 챗봇이다. 이용자를 위한 도서관 관련 안내와 함께 일상적 질문에 신속하고 정확하게 답변을 한다(국회도서관, 2025).

국내 대학 도서관은 학술 챗봇을 도입하는 추세다. 명지대학교 도서관의 경우 틀루토(Tlooto)라는 학술 챗봇을 시범 운영했다. 틀루토는 3억 건 이상의 자유롭게 열람 가능한 오픈 액세스 논문을 기반으로 연구 주제를 제안하고 관련 논문을 추천해 준다. 예를 들어, 대학 도서관 관련 논문을 쓰고 싶다고 입력하면 5가지 연구 주제와 함께 참고 논문 링크를 제공해 주는 방식이다. 명지대학교 도서관의 경우 2024년 10월부터 2025년 3월까지 총 6,085건의 질의를 받았으며 답변율은 약 87%에 달했다(송현경, 2025a). 이 외에도 서울대학교 도서관, 건국대학교 도서관 등이 학술 챗봇을 도입하여 활용하고 있으며 국내 학술 논문 데이터베이스인 디비피아(DBpia)도 자체 학술 챗봇을 개발하여 서비스하는 등 다양한 서비스가 나타나고 있다.

또한, 국내외 몇몇 도서관은 챗봇을 자체 개발하고자 노력하고 있다. 챗봇의 경우, AI 전문기업이 개발한 챗봇을 서비스하는 것이 일반적이나 몇몇 도서관은 도서관 자원을 기반으로 자체 개발에 나섰다. 산호세주립대학교 도서관은 챗봇을 자체 개발한 도서관 중 하나다. 국내의 경우, 국회도서관이 AI 서비스 시범 구축팀을 꾸리고 외국법 번역기와 함께 이용 안내 챗봇을 시범적으로 자체 개발한 바 있다. 이용 안내 챗봇에는 검색증강생성 기술이 활용되었으며 AI 전문기업에 챗봇 개발을 맡기더라도 일정 수준 이상의 성능을 요구할 수 있도록 기술적 실현 가능성을 점검하고자 했다(송현경, 2025b).

미래의 챗봇, AI 에이전트 역할 가능

챗봇 서비스는 점점 더 다양화되고 있다. 현재 대부분의 챗봇은 텍스트 기반이지만, 음성 채팅 기반 챗봇 서비스도 출시될 수 있다. 업계에 따르면 증강현실(AR) 기술과 결합해 도서관 캐릭터가 등장해 이용자의 질문에 응답하는 방식이 가능해질 수 있다.

최근에는 특정 인물의 성격이나 역할을 반영한 페르소나 챗봇도 등장하고 있다. 예컨대, 특정 작가의 데이터를 학습한 챗봇은 해당 작가의 지식 및 가치관 등을 반영하여 지식과 정보를 제공할 수 있다. 페르소나 챗봇을 도서관에 적용하면 어린이책 전문 사서, 사회과학 분야 전문 사서 등 특정 역할에 최적화된 가상의 사서 챗봇이 등장해 맞춤형 지식 정보 서비스를 제공할 수 있다.

나아가 챗봇은 개인 맞춤형 AI 에이전트 역할을 할 수도 있다. AI 에이전트란 사용자를 대신해 목표를 설정하고 작업을 완료하는 소프트웨어로 텍스트, 음성, 영상, 코드 등 다양한 데이터를 처리하는 멀티모달 기능을 기반으로 한다(Google Cloud, 2025). 이에 따라 AI 에이전트 역할을 하는 도서관 챗봇은 이용자의 정보 요구 맥락을 분석하여 정보 탐색부터 요약, 인용, 비교까지 복합적인 작업을 수행하여 이용자의 시간과 노력을 덜어 줄 수 있다.

참고문헌

국립중앙도서관(2021). "인공지능(AI) 기술을 활용한 사서 업무 지원 도구 개발에 관한 연구".
국립중앙도서관 국제교류홍보팀(2017.10.23). "미국의회법률도서관, 챗봇 서비스를 시작하다". 국립중앙도서관 사서지원서비스 월드라이브러리 국외소식. https://librarian.nl.go.kr/LI/contents/L30303000000.do?schM=view&act=UPDATE&page=1&ordFld=regdt&ordBy=DESC&viewCount=0&id=5673&schBdcode=&schGroupCode=
국립중앙도서관 국제교류홍보팀(2021.4.12). "도쿄도립중앙도서관, LINE 채팅봇 레퍼런스 서비스에 대한 이용자 설문 조사 공개". 국립중앙도서관 사서지원서비스 월드라이브러리 국외소식. https://librarian.nl.go.kr/LI/contents/L30303000000.do?schM=view&act=UPDATE&page=1&ordFld=regdt&ordBy=DESC&viewCount=0&id=38505&schBdcode=&schGroupCode=
국회도서관(2025.4.1). "국회도서관, 국가 AI 지식 Hub로의 도약 준비". https://www.assembly.go.kr/portal/bbs/B0000051/view.do?nttId=3585997
송현경(2025a.4.3). "[도서관 AI서비스] 생성형 AI 시대… 학술챗봇 도입·자체 개발도". 내일신문. https://www.naeil.com/news/read/543367
송현경(2025b.4.17). "[인터뷰 국회도서관 AI 서비스 시범구축팀] "외국법 번역기·AI 챗봇 직접 개발합니다"". 내일신문. https://www.naeil.com/news/read/545094
유지윤(2020). "비대면 참고정보서비스를 위한 도서관 챗봇 설계 및 구현 연구". 《정보관리학회지》, 37(4), 151~179쪽.
Google Cloud(2025). "AI 에이전트란 무엇인가요?". https://cloud.google.com/discover/what-are-ai-agents

Bryant, R.(2024.12.12). Implementing an AI reference chatbot at the University of Calgary Library. Hanging Together the OCLC Research blog.
https://hangingtogether.org/implementing-an-ai-reference-chatbot-at-the-university-of-calgary-library

SJSU Dr. Martin Luther King, Jr. Library(2025a). What are Chatbots?
https://library.sjsu.edu/friendly.php?s=librarychatbot

SJSU Dr. Martin Luther King, Jr. Library(2025b). Benefits.
https://library.sjsu.edu/librarychatbot/opportunities

SJSU Dr. Martin Luther King, Jr. Library(2025c). Chatbots in Libraries.
https://library.sjsu.edu/librarychatbot/existing-research

06
도서관과 AI 리터러시

인공지능(AI)은 행정, 법률, 미디어, 의료, 교육 등 우리 사회 각 분야의 패러다임을 변화시키고 있다. 시민들은 전문 분야 및 일상에서 AI 기술을 효과적으로 활용하는 방안을 학습하고 비판적으로 이해하는 능력을 갖춰야 한다. 도서관은 이용자들이 AI 기술을 이해하고 비판적으로 수용할 수 있는 AI 리터러시 교육의 거점으로 새로운 역할을 부여받고 있다.

AI와 민주주의?

도서관, AI 리터러시 학습 거점 역할

생성형 인공지능(AI) 등장 이후 AI가 업무 및 일상에서 중요하게 활용되면서 AI를 이해하고 활용하는 능력인 AI 리터러시가 중시되고 있다. AI 리터러시란 개인이 AI 기술을 비판적으로 평가하고, AI와 효과적으로 소통하고 협업하며, 온라인, 가정, 직장에서 AI를 도구로 활용할 수 있게 해주는 일련의 역량을 의미한다(Long & Magerko, 2020).

AI 리터러시는 기능적(Functional), 윤리적(Ethical), 수사학적(Rhetorical) 영역으로 세분화할 수 있다(Becker et al., 2024). 기능적 영역은 AI 기술에 대해 이해하는 영역으로, AI가 어떻게 작동하는지 이해하고 다양한 AI 기술의 역량과 한계를 인식하는 것을 의미한다. 윤리적 영역은 AI에 대해 윤리적, 비판적으로 사고하는 영역으로, AI의 신뢰성에 의문을 가지며 AI 산출물에 대해 잠재적 편향성이 있음을 인식하고 AI 이용의 윤리적 함의를 고려하는 것을 뜻한다. 수사학적 영역은 인간이 AI를 활용하고 AI와 협업하는 영역으로, 프롬프트 작성 전략 등을 이해하고 AI와 효과적으로 소통하며 협업하는 것을 일컫는다.

최근 AI 기술이 각광받으면서 AI 리터러시에 대한 관심이 커지고 있다. 그러나 시민들이 AI에 대하여 체계적으로 교육을 받을 기회는 부족하다. 직장인들은 업무에서 AI를 활용해야 한다고 생각하고 실제로 활용하기도 하지만 적절한 교육을 받을 기회는 제한적이다. 학생들 역시 체계적으로 AI 리터러시 역량을 키울 수 있는 환경에 놓여 있지는 않다. 이에 따라 AI에 대한 교육은 사설 교육 기관이 담당하게 되는데 이 경우, 대체로 전문가 혹은 대학생 등을 대상으로 전문 교육이 진행되며 일반 시민들이 AI와 관련한 기초 역량을 갖출 수 있는 교육은 부족한 상황이다. 또한 사설 교육 기관의 경우 관심이 있는 경우에만 수강하며 비용으로 인한 접근성 문제가 있어 자칫 계층 간 AI 리터러시 역량에 차이를 가져올 수 있다. 세대별로 적절한 교육을 받지 못하기에 세대 간 AI 리터러시 격차도 커질 수 있다.

이와 같은 상황은 도서관이 AI 리터러시 역량과 관련하여 지역 사회 내에서 학습 거점으로서 역할을 재확인하는 기회가 될 수 있다(IFLA, 2022). 도서관은 세금으로 운영되는 기관으로, 상업적이지 않고 이익을 추구하지 않는, 공공성을 바탕으로 한 교육 공간이다. 이에 따라 객관적이고 균형적 시각에서 AI 리터러시를 학습할 수 있다. 또한, 도서관은 정보 조직과 평가에 있어 시민들의 신뢰를 받는 기관으로, 이 역시 AI 리터러시 교육과 관련하여 도서관의 주요한 자산이 된다. 아울러 도서관은 모든 시민들에게 경제적 부담 없이 AI 리터러시를 학습할 기회를 제공하며 연령, 성별, 교육 수준, 경제적 배경에 관계없이 모든 시민들을 포용한다. 지역 곳곳에 위치한 도서관은 물리적 접근성도 높은 편이다.

이와 같은 도서관의 특성을 기반으로, 도서관은 지금껏 다양한 리터러시 교육을 시민들을 대상으로 제공해 왔다. 국제도서관협회연맹(IFLA)은 시민의 디지털 미디어 리터러시를 포함한 보편적 리터러시를 증진하기 위한 도서관의 사회적 책임을 강조한 바 있으며(IFLA, 2016), 도서관의 AI 리터러시 교육도 이와 같은 맥락에 놓여 있다.

디지털 격차 해소하는 실험의 장, 도서관

이와 같은 흐름에서 국제도서관협회연맹은 도서관과 AI에 관한 성명서(IFLA statement on libraries and artificial intelligence)를 통해 도서관의 AI 리터러시 교육 강화를 밝히며 AI의 사회적 영향에 대한 시민 교육, 평생 학습 기회 제공, AI로 인한 노동시장 변화에 대비한 교육 등을 강조했다. 최근 도서관은 실제로 시민들의 AI 리터러시 역량 강화를 위해 다양한 프로그램을 기획, 운영하는 추세다. 강의, 팟캐스트 운영, 실습 워크숍, 세미나, 전시 등을 기반으로 AI의 장점과 단점에 대한 인식을 높이고 시민들의 역량을 구축하는 데 중점을 둔다(Huang et al., 2024).

캐나다 토론토공공도서관의 경우 디지털 리터러시 전담 직원을 두고 다양한 AI 리터러시 프로그램을 운영하고 있다. 모든 연령대를 위한 프로그램을 운영하고 디지털 격차를 해소하며 시민들이 복잡한 사회를 살아가는 데 필요한 모든 자원을 제공하는 것이 목표다. 이를 위하여 알고리즘을 이해하고 AI가 편견을 반영하는 방식 등을 가르치는 청소년 프로그램, AI가 창작자에게 미치는 영향에 대해 설명하는 프로그램 등을 운영한다. 또한, 인간의 연주와 AI가 생성한 이미지를 융합한 콘서트를 여는 등 이용자들이 다양한 방식으로 AI에 주목할 수 있도록 지원한다. 매사추세츠공과대학 도서관과 협력하여 포용적이고 공평한 AI 체계 구축의 필요성을 논하는 대규모 토론을 포함한 다양한 프로그램이 있는 AI에 주목하다(Eye on AI)와 같은 행사도 열었다.

미국 캘리포니아주 팔로알토시립도서관은 AI를 주제로 다양한 체험 워크숍, 강연, 토론 프로그램을 제공하고 있다. 팔로알토시립도서관은 도서관은 실험의 장'이라며 다양한 것들을 시도해 볼 수 있는 건설적이고 즐거운 공간을 만들고자 했다. 특히, 사서들은 복잡한 주제를 쉽게 이해하도록 시민들을 지원하는 데 전문성을 갖고 있다는 점을 활용했다. 이를 위해 산호세주립대학교 정보대학 학장과 AI와 고등교육에 관한 대담을 진행하고 AI 스토리텔링 행사에서 다양한 AI 기술들을 소개했다. 시민들은 생성형 AI 도구들을 활용하여 단편소설, 시, 이미지, 음성 등을 제작하고 이를 바탕으로 짧은 동영상을 제작하여 팔로알토시립도서관 유튜브에 게시했다(Enis, 2024).

국내에서도 다양한 AI 리터러시 프로그램이 운영되고 있다. 국립중앙도서관은 시민들의 AI 리터러시 역량 강화를 위하여 AI 리터러시 아카데미 등 디지털 미디어 창작 활용 교육을 진행하고 있다. 2025년에는 AI 기초 활용과 데이터 분석 능력 함양을 위한 교육을 대폭 강화했다(국립중앙도서관, 2025). 공공 도서관들은 AI 관련 다양한 강의를 개설하는 동시에 생성형 AI를 적절하게 이용하고 창작의 도구로 활용할 수 있도록 지원하는 데 초점을 맞추고 있다. 예컨대, 은평구립도서관의 경우 생성형 AI 웹툰 만들기, 생성형 AI 블로그 글쓰기 등의 프로그램을 운영하고 있으며 이와 관련한 이용자들의 관심이 높은 편이다(송현경, 2025). 대학 도서관은 학생과 교수진을 대상으로 분야별 AI 활용 및 AI 윤리, 제작 실습, 문학 창작 등 다양한 AI 리터러시 프로그램을 운영하고 있다(윤효훈, 2024).

사서 역량 강화, 관련 기관 협업 필요

미래 사회에서 도서관의 AI 리터러시 교육 기관으로서의 역할은 갈수록 주목받을 것이다. AI 사용이 일상화될수록 시민들의 AI 리터러시 역량은 중요해지며 공공성과 접근성, 신뢰성을 기반으로 한 도서관의 특성은 사회적으로 인정받을 수 있다. 이에 따라 미래 도서관은 AI 리터러시 교육 강화를 위하여 과정을 보다 세분화할 필요가 있다. 어린이, 청소년에서부터 성인, 고령층에 이르기까지, 기초 교육부터 전문가 교육에 이르기까지 맞춤형 교육 과정을 구성하여 학습자들의 만족도를 높여야 한다. 또한, 일회성 프로그램보다는 다회차, 단계별 교육 과정을 마련하고 온라인과 오프라인을 융합한 블렌디드 러닝 등 다양한 학습 방법을 개발할 필요가 있다.

이를 위해서는 정보 전문가인 사서들의 AI 관련 역량 강화가 필요하다. 시민들에게 AI 리터러시를 교육하기 위해서는 사서들이 관련 역량을 갖추는 것이 선행되어야 한다. 이를 토대로 사서들은 도서관에 AI 로봇 등 신기술들을 적용하고 다양한 관련 교육 과정을 기획하며 직접 이용자들을 가르칠 수 있다. 물론, 이를 위해서는 사서들에게 충분한 AI 교육이 제공되어야 하며 사서들의 자발적 학습도 중요하다.

나아가 도서관이 AI 리터러시 역량을 교육하기 위해서는 관련 기관과의 협업이 필요하다. 도서관은 중앙 정부 및 지방자치단체, 학교, 대학, 시민단체 등 AI와 관련한 정책 기관 및 교육 기관들과 협력하여 AI 리터러시 교육을 진행할 수 있다. 이를 기반으로 정부의 AI 정책과 걸음을 맞추면서 교육 과정 기획, 교육 방식, 교재 기획 및 집필 등 다양한 방면에서 협업할 수 있다.

참고문헌

국립중앙도서관(2025.4.8). “AI와 함께 달라지는 내 삶, 도서관에서 배운다!”. https://www.nl.go.kr/NL/contents/N50603000000.do?schM=view&page=2&viewCount=9&id=50930&schBdcode=&schGroupCode=

송현경(2025.4.3). “[도서관 AI서비스] 생성형 AI 시대… 학술챗봇 도입·자체 개발도”. 내일신문. https://www.naeil.com/news/read/543367

윤효훈(2024). “AI 리터러시 교육프로그램 개발 방안에 관한 연구: 대학도서관 적용을 중심으로”. 인천대학교 대학원 석사학위 논문.

Becker, K. P. et al.(2024). Framework for the future: Building AI literacy in higher education(Version 1.0). Moxie.

Enis, M.(2024.11.11). AI and the public. Library Journal. https://www.libraryjournal.com/story/ai-and-the-public

Huang, Z.-X. et al.(2024). Public libraries and their role in raising awareness about AI and fostering inclusive civic engagement: Current practices and future development. *Proceedings of the 25th Annual International Conference on Digital Government Research(DGO 2024)*, pp.703~710.

IFLA(2016). Access and opportunity for all: how libraries contribute to the United Nations 2030 agenda. https://repository.ifla.org/items/3f128991-c391-4412-9d46-fcd4808b38cc

IFLA(2020). IFLA statement on libraries and artificial intelligence. https://repository.ifla.org/handle/20.500.14598/1646

IFLA(2022). IFLA trend report 2021 update. https://repository.ifla.org/handle/20.500.14598/1830

Long, D. & Magerko, B.(2020). What is AI literacy? Competencies and design considerations. *Proceedings of the 2020 CHI Conference on Human Factors in Computing Systems*, pp.1~16.

07
도서관과 제3의 장소

인공지능(AI)은 도서관 공간에 변화를 가져온다. 스마트 서고, 안면인식 무인 대출반납기 등은 기존 도서관 공간을 확장해 더욱 효과적으로 활용할 수 있게 한다. 특히, AI 시대에 자료 조직 등 도서관의 전통적 역할은 AI에 의해 보완될 것으로 전망되는 가운데, 도서관은 공간을 토대로 지역 사회와 함께하는 제3의 장소 역할을 강화할 수 있다.

AI와 애니메이션?

제3의 장소, 지역 공동체 구축 기반

집과 직장이 아닌 사람들과 교류하고 소통할 수 있는 장소를 제3의 장소라고 부른다. 이곳은 지역 사회 사람들이 모여 대화를 나누고, 직장의 스트레스 없이 편안히 쉴 수 있는 장소다. 처음 이사 온 사람도 기존 주민들과 자연스럽게 교류하며 서로를 이해하고 돌볼 수 있게 된다. 상호 합의, 진정한 공감, 각자의 상황에 대한 실질적인 이해에 바탕을 두기 때문에 그 어떤 복지보다도 실질적인 복지 효과가 있다. 이곳은 지역 사회에 문제가 발생했을 때 어떤 대책이 마련되는지, 도움을 주거나 받으려면 어떻게 해야 하는지 등을 알기 위해 모일 수 있는 곳이기도 하다. 가장 어린 세대와 가장 나이 든 세대가 서로 어울릴 수 있는 곳도 이곳이다. 나아가 제3의 장소는 지적인 토론의 장이자 정치적 토론의 장이기도 하다. 누구나 삶과 사회의 여러 문제에 관해 생각하며 공통된 문제에 관해 토론하고 집단적인 힘을 실현하고자 도모할 수 있다. 이와 같이 제3의 장소는 지역 공동체를 구축하는 기반으로 존재한다(Oldenburg, 1999).

도서관은 지역 사회에서 제3의 장소 역할을 할 수 있는 유력한 기관으로 꼽히고 있다. 이는 도서관이 지닌 공공성과 포용성을 기반으로 한다. 도서관은 남녀노소 누구나 자유롭게 무료로 이용할 수 있는 기관이다. 지역주민들은 도서관에서 필요로 하는 책을 읽고 자료를 탐색하며 휴식을 취하거나 지인을 만나 대화를 나눌 수 있다. 장애인, 다문화가정 등 지식 정보 취약 계층도 도서관에서는 함께 어울려 책을 읽고 독서 문화 프로그램에 참여할 수 있다. 실제로 지역의 공공 도서관들은 전업주부가 사회적 외로움을 달래며 사회와 연결되는 기회를 주는 곳으로, 지역 소상공인이 자신의 재능과 상품을 선보일 수 있는 곳으로, 장애인이 함께 어울릴 수 있는 곳으로 역할을 하고 있다. 이는 지역 사회 문제를 함께 고민하는 지역 공론장의 역할로도 나타난다(송현경, 2024a; 2024b; 2024c). 특히, 도서관의 물리적 공간이 지닌 중요성은 코로나19 상황에서 더욱 부각되었다. 도서관의 사회적 연결 및 활동을 위한 장소로서의 역량, 지역 문제에 적절하게 대응하기 위한 도서관의 지원 등이 논의되었다(IFLA, 2022).

도서관의 물리적 공간에 대한 관심은 기술과 상충되는 것이 아니라 상호 보완적인 관계에 있다. 예를 들어, 도서관은 사람들이 과도한 비용을 지불하지 않고 위험 없이 안전하게 기술을 실험할 수 있도록 3D 프린터 등 다양한 기기로 원하는 것을 만들어 볼 수 있는 메이커스 페이스(Makerspace)와 같은 공간을 제공하고 있다. 또한 장서의 일부를 온라인으로 전환함으로써 지역 사회를 위한 영향력 있는 활동이 가능한 공간을 새롭게 확보할 수 있다. 이는 도서관의 전통적 기능을 유지하면서도 사회적 결속을 지원하는 방식이다(IFLA, 2022).

AI 기술, 새로운 공간 활용 지원

도서관에 인공지능(AI) 기술을 도입하는 것도 같은 관점에서 바라볼 수 있다. AI 기술은 도서관이 제3의 장소로 기능하는 데 필요한 물리적 공간의 유연성과 활용도를 획기적으로 높여 준다. 지능형 서비스 중 하나인 스마트 서고는 그중 하나다. 미국 시카고대학교 만수에토도서관은 북미에서 가장 큰 자동화 고밀도 도서관 중 하나이자 미국에서 유일하게 완전 자동화 보존 및 검색 체계(Automated Storage and Retrieval System)를 갖춘 도서관이다. 도서, 비도서, 희귀본 등 모든 자료는 5층 규모의 지하 공간에 보관되며 50피트(약 15.24m) 높이의 자동 크레인 5대가 자료를 지상으로 운반해 직원에게 전달한다. 방문객들은 이와 같은 자료 검색 및 대출 과정을 체험할 수 있어 인기를 모으고 있다(문화체육관광부, 2023; Oliveira, 2024).

미국 노스캐롤라이나주립대학교 헌트도서관도 자동화된 보존 및 검색 체계를 갖춘 북봇(BookBot)을 도입하여 운영하고 있다. 최대 200만 권의 도서 및 비도서 자료를 비치할 수 있으며 공간은 기존 필요 공간의 9분의 1을 차지한다. 도서 및 비도서 자료들은 1만8,000개 이상의 상자에 크기에 따라 보관되며 각 상자에는 약 125~150권의 도서가 보관된다. 이용자가 요청하면 북봇은 5분 내로 도서를 찾아 보낸다(국립중앙도서관, 2021; NC STATE University Libraries, 2025).

이와 같은 자동화 체계는 AI 기술과 결합되면 보다 효율적인 자료 관리와 이용자 맞춤형 서비스 제공을 가능하게 할 수 있다. 이처럼 도서를 중앙 집중식으로 보관하고 서가를 축소하거나 별도로 두지 않아도 된다면 지역주민들이 소통하고 교류할 수 있는 공간을 더욱 적극적으로 확장할 수 있다.

AI 기술을 기반으로 한 무인 대출반납기도 이용자들의 편의성을 높이는 동시에 대출 반납을 위한 업무 공간을 줄여 준다. SK텔레콤 사내 도서관인 T-라이브러리에는 얼굴인식 기술을 기반으로 한 무인 대출반납기인 알고(Automated Library GO, ALGO)가 설치돼 있다. 알고에는 표정, 포즈, 조명 등 다양한 환경에서 얼굴을 인식하는 AI 기술이 적용됐다. 이용자는 스마트 디스플레이에 얼굴을 인식하는 것만으로 출입부터 대출, 반납까지 일괄 처리를 경험할 수 있다(임영신, 2020). 중국 신뎬초등학교의 AI 도서관인 드림 홀에서도 얼굴 인식 기술을 기반으로 회원카드 없이 도서를 빌릴 수 있게 지원하고 있다(국립중앙도서관, 2021).

또한, 도서관 내부 환경을 AI 기술을 기반으로 자동으로 제어하는 기술도 활용되고 있다. 일본 전기통신대학 도서관의 경우 이용자가 프레젠테이션을 실행하면 프로젝터 전원이 켜지고 전동 스크린이 내려오며 조명이 어두워지는 등의 조치가 자동으로 이뤄진다. 향후, 다양한 환경 요소를 제어할 뿐 아니라 소리, 냄새, 빛, 온도 등 인간의 오감에 작용하는 요소를 조절하여 이용자에게 최적의 환경을 제공하는 것이 목표다(국립중앙도서관, 2021).

미래 도서관, 제3의 장소 역할 중시해야

이와 같은 AI 기반 새로운 기술들은 도서관이 지역 사회와 소통하고 참여할 수 있는 제3의 장소로서의 역할을 강화하는 데 도움을 줄 수 있다. 도서를 기존 방식대로 서가에 비치하지 않아도 되고 대출 반납 업무 공간이 줄

어들면 그만큼 도서관 공간을 다양한 방식으로 활용할 여지가 높아진다. 다양한 환경 요소가 자동으로 제어되면 시민들은 도서관 공간을 더욱 편리하게 활용할 수 있다. 그렇게 되면 시민들이 모여 대화하고 다양한 모임에 참여하며 사회적 논의를 할 수 있는, 도서관의 제3의 장소로서의 역할은 확대될 수 있다.

도서관의 제3의 장소로서의 역할은 앞으로 더욱 중요해질 것이다. 향후 AI 기술은 자료 조직 등 도서관의 전통적 업무를 상당 부분 대체 및 보완할 것으로 예상되고 있다. 이와 같은 상황에서 도서관이 지역 사회에 필요한 주요 기관으로 역할을 다하기 위해서는 전통적 역할 외 또 다른 역할을 찾아야 할 것이다. 특히, 제3의 장소가 적극적으로 지원할 수 있는 시민들 간 소통과 교류는 건강한 민주 사회의 기반이 된다는 점에서 도서관이 지역 사회에 기여할 수 있는 주요한 역할이 될 수 있다.

예를 들어, 국내의 경우 서울 성북구립도서관과 용인 느티나무도서관 등은 지역주민들과 정기적으로 주제를 정해 소통하고 교류하는 공론장을 운영하고 있다. 느티나무도서관의 경우, 2023년에 'AI 시대, 인간답게 산다는 건 무엇일까'라는 주제로 토론을 진행한 바 있으며, 이는 미래 사회에 대한 시민들의 준비 및 대응을 논의하는 장으로 역할을 하였다(송현경, 2023; 2024a). 이처럼 다양한 주제에 대해 지역주민들이 함께 소통하고 교류할 수 있는, 도서관의 제3의 장소로서의 역할은 AI 기술의 지원으로 더욱 확대될 수 있다.

참고문헌

국립중앙도서관(2021). "인공지능(AI) 기술을 활용한 사서 업무 지원 도구 개발에 관한 연구".

문화체육관광부(2023). "지역중심의 차세대도서관 거버넌스 구현을 위한 모델 연구".

송현경(2023.4.20). "[도서관 마을포럼] '인공지능 시대, 인간답게 산다는 건 무엇일까'". 내일신문. https://www.naeil.com/news/read/458234

송현경(2024a.4.25). "[도서관에서 사회적연결] "도서관이 지닌 포용성으로 사회적 고립 해소"". 내일신문. https://www.naeil.com/news/read/508546

송현경(2024b.6.27). "[도서관에서 사회적 연결] '환대의 식탁'에서 '도시농부'까지 함께 합니다". 내일신문. https://www.naeil.com/news/read/514763

송현경(2024c.7.25). "[도서관에서 사회적 연결] 이웃의 삶에 귀 기울이는 시간… '관계의 확장'으로". 내일신문. https://www.naeil.com/news/read/517932

임영신(2020.2.20). ""SKT사옥이 신기술 실험장" 박정호의 AI 전면도입 '특명'". 매일경제. https://www.mk.co.kr/news/it/9214183

IFLA(2022). IFLA trend report 2021 update.

https://repository.ifla.org/handle/20.500.14598/1830
NC STATE University Libraries(2025). BookBot and Collections. https://www.lib.ncsu.edu/hunt/bookbot
Oldenburg, R.(1999). *The great good place: Cafes, coffee shops, bookstores, bars, hair salons, and other hangouts at the heart of a community*. Marlowe & Company.
Oliveira, A.(2024.10.22). A look underneath Mansueto, UChicago's famous 'robotic' library. Inside UChicago. https://intranet.uchicago.edu/en/news-and-events/news/2024/10/a-look-underneath-mansueto-uchicagos-famous-robotic-library

08
사서의 업무 변화

인공지능(AI)을 도입하면 사서의 업무 처리는 시간 및 노력 대비 더욱 효과적으로 이뤄질 수 있다. 또한 사서는 AI 기술을 도서관 운영 및 서비스에 적절하게 적용하는 기획 및 조정 업무를 수행할 수 있다. AI 관련 업무를 전담하는 사서의 등장과 함께 문헌정보학 교육과정에 AI 기술의 이해와 도서관에서의 AI 활용 역량이 포함되어야 할 것으로 보인다.

AI와 인재 채용?

AI와 협업하는 사서의 업무

도서관은 다양한 자료를 체계적으로 조직하고 제공함으로써 이용자가 정보에 보다 효과적으로 접근할 수 있도록 지원하는 지식 기반 기관이다. 이를 위해 사서는 자료 수집과 서지 정보 입력, 이용자 대상 정보 서비스, 프로그램 기획, 대출 반납 및 공간 관리, 행정 업무 등 다양한 업무를 수행한다. 국제도서관협회연맹(IFLA)은 이와 같은 도서관 업무 전반에 인공지능(AI) 기술이 점차 통합될 것이라고 전망한 바 있다(IFLA, 2020). 특히, 사서들은 AI의 도입이 반복 업무의 효율성을 높이는 데 기여할 것이라고 평가하고 있다(송현경 · 심효정, 2024). 예를 들어, 서지 정보 입력, 도서 위치 확인, 대출 반납 관리 등은 대표적 단순 반복 업무로 분류되며 이와 같은 업무들에 AI 기술을 도입하게 되면 사서의 업무는 더욱 효율화될 것으로 보인다.

우선, AI는 자료 조직과 장서 관리 전반에 활용될 수 있다. 전통적으로 사서가 맡아온 서지 정보의 목록화, 주제 분류, 색인 구축 등 자료 조직 업무는, AI 기술의 발전과 함께 더욱 정교하고 효율적으로 수행될 수 있는 분야로 주목받고 있다. 장서 점검의 경우, AI 로봇이 야간에 장서를 점검하고 그 결과를 사서에게 전달하는 방식이 가능하다. 조명, 온도, 습도 등 공간 환경 역시 AI 기반 기술을 통하여 자동으로 조절함으로써 효율적으로 관리할 수 있다(문화체육관광부, 2023). 또한, 이용자는 24시간 AI 챗봇 및 AI 안내 로봇을 통해 도서관 및 서비스에 대한 문의를 해결할 수 있다. AI 기술은 자료 추천 서비스에도 활용된다. 사서는 생성형 AI를 활용하여 도서 추천 목록을 구성하고 이를 바탕으로 이용자와의 심화된 상담을 통해 보다 정교한 자료를 추천할 수 있다. 이처럼 AI 기술이 반복 업무를 줄여줌으로써 사서는 보다 전문적 판단과 양질의 서비스 기획에 집중할 수 있는 여건이 마련되고 있다.

창의적인 업무에도 생성형 AI를 활용할 수 있다. 최근 사서들은 도서관 및 독서 문화 프로그램을 홍보하기 위해 많은 시간을 투자하고 있다. 홍보 문구를 창작하고 이미지 및 영상을 제작해 소셜미디어에 게시하는 업무에는 상당한 시간이 소요된다. 사서는 이와 같은 작업에 생성형 AI를 활용할 수 있다. 사서는 생성형 AI와 협업하여 제시된 초안 문구 및 시각 자료를 수정하고 보완함으로써 완성도 높은 콘텐츠를 제작할 수 있다. 이와 같은 방식으로 생성형 AI는 보고서 및 보도자료 작성, 프로그램 홍보 이미지 제작 등 다양한 업무에 도움을 줄 수 있다.

또한, 독서 문화 프로그램이나 행사 등을 기획할 때에도 자연어 프롬프트를 기반으로 생성형 AI를 통하여 다양한 아이디어를 제시받을 수 있다(송현경 · 심효정, 2024).

나아가 AI 기술 활용이 일반화하면서 사서는 보다 과학적인 도서관 운영을 위해 생성형 AI를 활용하여 데이터 분석을 수행할 수 있게 됐다. 도서관에서는 매일 다양한 데이터가 생성된다. 방문자의 연령대, 대출한 도서, 프로그램 참여 현황 등 다양한 정보를 분석함으로써 보다 정밀하고 효과적인 서비스 기획 및 운영이 가능해진다. 과거에는 데이터 분석을 하려면 전문 프로그램 사용 능력이 요구되어 접근이 어려웠으나 생성형 AI를 활용하면 자연어 프롬프트만으로도 데이터 분석을 수행할 수 있다(국립세종도서관, 2023). 사서는 이와 같은 분석 결과를 기반으로 새로운 전략을 수립하며 데이터 기반 기획 역량을 갖출 수 있다. 이처럼 사서는 반복적인 실무부터 창의적 기획, 데이터 분석에 이르기까지 다양한 영역에서 AI 기술과 유기적으로 협업하며 업무를 보다 완성도 있게 수행할 것으로 전망된다.

AI 기술과 서비스를 연결하는 새로운 업무

나아가 사서는 도서관의 AI 서비스 도입 및 운영 과정에서 기술과 서비스 간의 연결자로서 그 중요성이 점점 커지고 있는 새로운 업무를 수행할 수 있다(Cox et al., 2019). 사서는 이용자 요구와 도서관 서비스에 대한 전문적 이해를 바탕으로, 개발자 또는 외부 기술 업체와 소통하며 도서관에 적합한 AI 시스템이 구현되도록 기획 및 조정 업무에 참여할 수 있다. 이 과정에서 사서는 서비스 설계 초기 단계부터 지속적으로 의견을 제공하고 구현된 체계의 안정화와 실제 서비스 운영에 이르기까지 중재자이자 조율자로서의 업무를 수행한다. 이러한 업무는 단순한 기술 수용을 넘어 도서관의 공공성과 이용자 중심 가치를 유지하면서 기술을 현장에 접목하는 핵심적인 업무로 AI 시대에 갈수록 강화될 전망이다.

예를 들어, 캐나다 캘거리대학교 도서관의 2021년 AI 기반 챗봇 티-렉스(T-Rex) 개발에는 정보 서비스, 학습 지원, 데이터 분석을 담당하는 사서들이 적극 참여했다. 이들은 챗봇의 기획 단계부터 훈련, 테스트, 검증, 운영에 이르기까지 핵심적 역할을 수행하며 공동 설계자이자 품질 관리자로서 활동했다. 이들은 챗봇 훈련과 테스트에 착수하여 응답의 일관성과 품질을 높이기 위한 작업을 체계적으로 진행했다. 초기에는 과거 채팅 데이터를 분석해 자동화가 가능한 대표 질문들을 중심으로 응답 시나리오를 구성하고 이후에는 도서관 전체 직원이 참여하는 내부 테스트로 확장하여 안정성과 활용 가능성을 점검했다. 챗봇 출시 이후에도 사서들은 응답 품질을 주기적으로 평가하고 반복적으로 제기되는 질문에 대해 맞춤형 응답을 개발하는 등 지속적으로 개선 작업을 수행했다(Bryant, 2024).

국내 사례도 있다. 국회도서관 AI 서비스 시범 구축팀의 경우, 사서직과 정보기술직이 협업하여 새로운 서비스를 만들기 위해 기획 단계에서부터 함께했다. 사서직은 국내외 다양한 AI 서비스를 조사하고 이용자 입장에서 다양한 서비스를 제안하는 등의 업무를 수행했다(송현경, 2025). 이와 같은 사례들은 사서가 기술 도입의 주변부가 아니라 그 중심에서 이용자 경험을 반영하고 서비스 완성도를 높이는 연결자이자 조율자로서의 업무를 수행할 수 있음을 보여 준다.

AI 시대를 대비한 사서 교육과정 개편

미래 도서관에서는 AI 기술이 도서관 운영 및 서비스 전반에 활용되는 가운데 AI 기술 관련 업무를 전담하는 사서가 나타날 것으로 전망된다. 도서관에서 AI 기술을 상시적으로 활용하기 때문에 관련 업무를 맡아 수행할 사서가 필요하기 때문이다. 캐나다 토론토공공도서관은 AI 리터러시 등을 다루는 디지털 리터러시 전담 직원을 두고 있다. 국내 경상남도교육청 창원도서관의 경우, AI 로봇을 포함하여 9종 46대의 로봇을 운영하는 가운데 사서들은 ICT 시스템 및 프로그램 운영, 로봇시스템 운영 지원 등의 담당 업무를 맡아 수행하고 있다(Enis, 2024; 경상남도교육청 창원도서관, 2025).

해외에서는 AI 기술 관련 업무를 전담하는 사서를 별도로 채용하는 추세가 나타나고 있다. 2024년 미국 시카고대학교 도서관은 연구 및 교육에서의 AI 응용에 관하여 상담해 주는 AI 사서 채용 공고를 게시했다. 미국 산호세주립대학교 도서관은 2024년 AI 사서를 채용하기 위한 채용 공고를 냈다. 해당 직책은 도서관에서 AI 기술을 통합하고 발전시키는 역할을 맡으며 교수 및 학습 활동 지원, 연구 보조, 정보 접근성 향상, 학술 커뮤니케이션 개선 등 다양한 분야에서 AI 기반 서비스를 확대하는 업무를 수행하게 된다. 이 직책은 AI 리터러시 프로그램 개발, AI의 윤리적 활용 지원 등의 역할도 수행한다(Lund, 2025; Association of Research Libraries, 2024).

한편, AI 기술이 도서관 업무 전반에 확산되면서 현직 사서의 역량 강화와 재교육에 대한 수요가 증가하고 있다. 실제로 많은 사서들이 생성형 AI 등을 중심으로 한 실무 교육에 참여하며 변화에 대응하고 있다(송현경 · 심효정, 2024). 사서들은 AI 관련 이론과 함께 생성형 AI를 활용해 업무 역량을 강화하는 방안을 학습하고 있다.

아울러 미래 사서를 양성하는 대학의 문헌정보학 교육과정에서는 AI에 대한 기술적 이해, 응용 능력, 윤리적 판단 역량에 관한 체계적 교육이 이루어져야 한다. 예를 들어, AI와 로봇의 작동 원리와 한계, 도서관 내 적용에 대해 공부하는 강의를 신설하고 정보 윤리 및 데이터 윤리를 교육할 수 있다.

또한, 대학의 문헌정보학 교육과정의 경우, 누구나 접근할 수 있는 개방형 교육 자료를 구축하고 현직 사서를 위한 계속교육 및 소단위 인증 과정을 마련할 수 있다(Tait & Pierson, 2022). 사서들은 이와 같은 교육 체계를 통해 AI 기반 도서관 환경에서 전문성을 발휘하도록 준비할 수 있다.

참고문헌

경상남도교육청 창원도서관(2025). "조직현황/업무 문헌정보과". https://cwlib.gne.go.kr/menu.es?mid=a20103040000

국립세종도서관(2023). "제9회 국가정책정보협의회 정기총회 및 세미나".

문화체육관광부(2023). “지역중심의 차세대도서관 거버넌스 구현을 위한 모델 연구”.

송현경(2025.4.17). “[인터뷰 국회도서관 AI 서비스 시범구축팀] “외국법 번역기·AI 챗봇 직접 개발합니다””. 내일신문. https://www.naeil.com/news/read/545094

송현경·심효정(2024). “인공지능 활용에 대한 공공도서관 사서들의 인식 연구”. 《인문사회과학 연구》, 32(4), 509~544쪽.

Lund, B. D.(2025.3.6). “챗지피티와 도서관: 긍정적 변화를 촉구하는 인공지능 정책과 공교육”. 국립중앙도서관 월드라이브러리 사서칼럼. https://librarian.nl.go.kr/LI/contents/L30201000000.do?schM=view&id=50548

Association of Research Libraries(2024). Senior Assistant Librarian – AI Librarian. https://web.archive.org/web/20250201152109/https:/www.arl.org/jobs/job-listings/a0IPn000001ijs5MAA/

Bryant, R.(2024.12.12). Implementing an AI reference chatbot at the University of Calgary Library. Hanging Together the OCLC Research blog. https://hangingtogether.org/implementing-an-ai-reference-chatbot-at-the-university-of-calgary-library

Cox, A. M. et al.(2019). The intelligent library: Thought leaders' views on the likely impact of AI on academic libraries. *Library Hi Tech, 37*(3), pp.418~435.

Enis, M.(2024.11.11). AI and the public. Library Journal. https://www.libraryjournal.com/story/ai-and-the-public

IFLA(2020). IFLA statement on libraries and artificial intelligence. https://repository.ifla.org/handle/20.500.14598/1646

Tait, E. & Pierson, C. M.(2022). Artificial intelligence and robots in libraries: Opportunities in LIS curriculum for preparing the librarians of tomorrow. *Journal of the Australian Library and Information Association, 71*(3), pp.256~274.

09
사서의 역할 변화

인공지능(AI) 기술이 발전할수록 사서직 일자리가 줄어들 것이라는 우려가 있다. 자료를 정확하게 조직하는 사서의 역할은 정확성이 높고 속도가 빠른 AI가 대체할 것이라는 주장이다. AI 시대에 사서는 기계가 할 수 없는, 인간만이 할 수 있는 역할을 해야만 살아남을 수 있다. 정보를 평가하고 AI의 윤리적 사용을 독려하며 지역 공동체를 구축하는 역할 등이 그것이다.

AI와 기자?

AI 시대, 사서직의 도전과 변화

인공지능(AI)이 급속하게 확산되면서 노동시장에 미칠 영향이 주요 현안으로 떠오르고 있다. AI 시대에는 일자리 구조에 근본적 변화가 일어날 것으로 전망된다. 단순·반복 업무의 자동화와 함께 창의성이 필요한 업무 중심으로 새로운 일자리가 창출되며 직무 변화와 일자리 이동이 가속화할 것으로 보인다(관계부처 합동, 2019; ALA, 2024). 이와 같은 변화는 사서직에게도 동일하게 적용될 것으로 추정된다. 자료를 정확하게 분류하고 목록화하는 등 자료를 조직하는 것은 사서의 전통적 역할 중 하나였으나 이는 AI 시대에 점차 자동화될 전망이다. 각 직업의 자동화 위험 정보를 분석하여 제공하는 사이트 Will Robots Take My Job?(2025)에 따르면 사서 및 미디어 자료 전문가(Librarians and Media Collections Specialists)의 자동화 위험 정도는 45%에 달하는 것으로 나타났다. 사서 스스로도 AI 도입으로 사서직 일자리가 감소할 것으로 예상하고 있다(Abayomi et al., 2021; 송현경·심효정, 2024). 이는 사서직의 정체성과 지속 가능성에 대한 우려로 이어질 수 있다.

그러나 전통적 역할 외에도 사서가 수행해 온 다양한 기능은 미래 사회에서도 여전히 요구될 것이며, 새로운 역할도 함께 등장할 것으로 전망된다. 예컨대, 사서는 도서관이 AI 기술 관련 체계 및 기반 시설을 갖추는 데 기여할 것이라고 제시된다(Cox et al., 2019). 도서관이 가진 문화 공간의 가치와 인간의 창조적 사고는 기계학습으로 대체할 수 없으며 이와 관련한 사서의 역할은 확대될 것이라고도 전망된다(김지현, 2020). 또한, 사서들 스스로 소프트웨어 엔지니어로서의 역할, 기술과 관련한 통합 관리자 역할, 데이터 분석 전문가로서의 역할을 강화하여야 한다고 인식했다(석광희, 2023). 미래 사서직의 변화에 대하여 사서들은 정보 서비스를 강화하며 공동체 거점을 구축하고 해석이 필요한 업무에 주력하여야 한다고도 인지했다(송현경 · 심효정, 2024). 이를 보면, 사서는 미래 사회에서 일상화될 AI 및 데이터와 관련된 역할, 기계가 대체할 수 없는 인간 고유의 역할에 충실하여야 할 것으로 보인다.

윤리적 감시자 역할을 하는 미래의 사서

미래 사회의 사서는 AI와 데이터 기반 환경에서 정보를 적절하게 제공하는 것을 넘어 데이터가 원활히 유통되도록 설계하는 소프트웨어 엔지니어 역할을 맡을 수 있다. 도서관에서 데이터를 어떻게 수집하고 유통할지 설계하여 필요한 곳에 적절한 정보를 흐르게 하는 역할이다. 이를 위해 사서는 특정 분야의 데이터 수요를 파악하고, 이에 맞는 정보 공급 방식을 설계할 수 있어야 한다. 이러한 방식으로 사서는 데이터를 중심으로 한 정보 유통 체계 설계자로 기능할 수 있다(Cox et al., 2019).

이와 함께 데이터 수집 · 분석 · 활용을 전문적으로 담당하는 데이터 사서의 역할도 주목받고 있다. 데이터 사서는 데이터 큐레이션, 보존, 아카이빙과 함께 연구데이터 관리, 관련 연구 지원 등을 수행한다. 데이터 사서의 경우, AI를 활용해 코드를 생성하는 등 AI 발전과 함께 더 정밀한 데이터 기반 서비스와 연구 지원이 가능해진다(Ohaji et al,. 2019; Semeler et al., 2024). 해외 대학 도서관에서는 데이터 사서를 별도로 채용하거나 기존 사서에게 데이터 관리 업무를 병행하도록 교육하고 있다. 이러한 기술 · 데이터 전문 역할은 도서관이 AI 환경에서 안정적으로 운영되고, 이용자에게 적합한 정보를 제공할 수 있는 기반이 된다.

AI 기술이 도서관 업무 전반에 확산되면서, 사서는 윤리적 감수성을 갖춘 전문가로서의 역할도 요구받고 있다. 이용자들은 자신도 모르게 AI에 개인정보나 민감한 정보를 제공할 수 있으며, 알고리즘 편향, 개인정보 침해, 자동화 서비스의 투명성 등 다양한 윤리 문제가 제기되고 있다(Lund, 2025). 이러한 상황에서 사서는 정보 접근의 공정성을 보장하고, 이용자의 권리를 보호하는 감시자 역할을 수행해야 한다. 특히 AI 서비스가 이용자의 정보 선택에 깊숙하게 개입할수록, 사서는 기술의 한계와 위험성을 설명하고 이용자의 비판적 이해를 돕는 윤리적 안내자가 되어야 한다.

나아가 사서는 AI가 생산한 정보를 평가하는 평가자 역할도 수행할 수 있다. AI는 주로 상업 기업이 주도적으로 개발한다. 그 결과 정보의 양은 증가했지만 질은 낮아지고 주관성이 강화되는 경향이 있다. 예컨대 검색 알고리즘은 이용자의 검색 기록이나 상업적 이익에 따라 정보 배열을 달리 보여 주며, 동일한 키워드 검색에서도 광고나 광고 관련 상품이 우선 노출되기도 한다. 이처럼 혼란스러운 정보 환경에서 사서는 지식을 관리하고 신뢰할 수 있는 정보를 시민들에게 제공할 수 있다. 즉, 사서는 AI가 생성한 정보와 지식을 사회적 맥락에서 평가하고, 이를 의미 있게 선별·체계화하여 미래 세대가 참고할 수 있도록 지원하는 역할을 담당할 수 있다(송현경, 2025).

인간만의 고유한 역할은

다음으로 인간만의 해석력 및 공감 능력과 관련하여 보면, 우선, 사서는 보다 깊이 있는 정보 서비스를 제공함으로써 시민들의 지적 성장을 지원할 수 있다(송현경 · 심효정, 2024). 지금까지는 단순 반복 업무로 인해 이용자와 충분한 소통과 교류가 어려운 경우가 많았지만 AI 기술의 도입으로 업무가 상당 부분 자동화된다면 사서는 이용자와의 소통에 집중하며 보다 심화된 정보 서비스를 제공할 수 있다. 정보 서비스의 질을 높이는 데에는 인문학적 사고 능력이 핵심이 된다. 인문학적 사고는 인간과 사회, 문화에 대한 통찰을 바탕으로 한다. 이를 통해 사서는 이용자의 정보 요구를 더욱 깊이 있게 이해하고 해석할 수 있다. 기계가 제공하는 단순한 정보 이상으로, 맥락과 의미를 해석하여 인간 중심의 서비스를 제공하는 데 사서의 인문학적 사고 능력은 주요한 자산이다.

이와 유사한 맥락에서 사서는 교육자로서의 역할을 수행할 수 있다. 예를 들어, 시민들이 AI를 이해하고 자신의 삶에 활용할 수 있도록 다양한 프로그램과 체험을 기획하고 실행하는 등 AI 리터러시 교육을 담당할 수 있다. 이를 통해 이용자들은 도서관을 기반으로 AI 관련 평생 학습을 지속하며 변화하는 노동시장에 유연하게 대응할 수 있다. 최근에는 데이터 기반 사회로의 전환에 따라 데이터 리터러시의 중요성도 커지고 있다. 데이터 리터러시는 미래 사회 시민의 필수 역량인 데이터 기반 문제 해결 능력을 말한다(이정미, 2019). 사서는 시민들이 뉴스, 통계 등 다양한 데이터 기반 정보에 현명하게 대응하도록 돕는 데이터 교육자로서의 역할을 수행할 수 있다. 이와 같은 교육자로서의 역할은 AI 및 데이터 리터러시와 함께 정보, 미디어, 디지털 리터러시 등과 관련해서도 이뤄질 수 있으며, 사서는 복합 리터러시 전문가로 자리매김을 할 수 있다.

나아가 사서는 도서관이 지역 사회의 제3의 장소로 자리매김할 수 있도록 중심 역할을 수행할 수 있다(송현경 · 심효정, 2024). 제3의 장소는 제1의 장소인 집, 제2의 장소인 일터 외에 지역 사회 구성원들이 비공식적으로 소통하고 교류할 수 있는 곳으로(Oldenburg, 1999), 미래 사회에서도 이에 대한 수요는 지속될 것으로 전망된다. 도서관은 학력, 재산, 나이 등에 관계없이 누구나 자유롭게 무료로 이용할 수 있는 공간으로, 공공성과 신뢰성, 포용성을 두루 갖추고 있어 제3의 장소로 기능하기에 적합하다.

이에 따라 사서는 다양한 목적을 가지고 도서관을 찾

는 시민들이 자연스럽게 만나고 교류할 수 있도록 지원할 수 있다. 처음에는 책을 읽기 위해 모인 이용자들은 일상적인 대화를 나누고, 점차 서로의 안부를 묻거나 지역 사회 현안을 논의하는 등 더 깊이 있는 관계로 발전하게 된다. 사서는 이러한 발전적 소통과 교류가 이루어질 수 있도록 자료, 프로그램, 공간을 전략적으로 기획하고 제공함으로써 지역 사회 내 공동체 형성을 촉진할 수 있다. 이는 지역 사회의 소통 기반을 마련하고, 건강한 민주주의 문화를 확산하는 데 기여한다.

참고문헌

관계부처 합동(2019). "인공지능 국가전략". https://www.msit.go.kr/bbs/view.do?sCode=user&mId=307&mPid=208&bbsSeqNo=94&nttSeqNo=2405727

김지현(2020). "인공지능(AI)을 이용한 도서관서비스 연구: 북미 대학도서관을 중심으로". 《한국도서관·정보학회지》, 51(4), 231~247쪽.

석광희(2023). "인공지능(AI) 기술을 활용한 도서관 서비스 방안과 사서의 전문성 강화에 관한 연구". 진주교육대학교 교육대학원 석사학위 논문.

송현경(2025.5.22). "[인터뷰 볼프람 호르스트만(Wolfram Horstmann) 독일 FIZ 카를스루에 라이프니츠 정보인프라연구소 CEO] "도서관, 신뢰할 수 있는 진실의 공간"". 내일신문.

https://www.naeil.com/news/read/548776
송현경·심효정(2024). “인공지능 활용에 대한 공공도서관 사서들의 인식 연구”. 《인문사회과학 연구》, 32(4), 509~544쪽.
이정미(2019). “데이터 리터러시 개념에 대한 재접근 및 도서관 정보서비스에의 적용”. 《한국문헌정보학회지》, 53(1), 159~179쪽.
Lund, B. D.(2025.3.6). “챗지피티와 도서관: 긍정적 변화를 촉구하는 인공지능 정책과 공교육”. 국립중앙도서관 월드라이브러리 사서칼럼. https://librarian.nl.go.kr/LI/contents/L30201000000.do?schM=view&id=50548
Abayomi, O. K. et al.(2021). Awareness and perception of the artificial intelligence in the management of university libraries in Nigeria. *Journal of Interlibrary Loan, Document Delivery & Electronic Reserve, 29*(1－2), pp.13~28.
ALA(2024). Artificial Intelligence. https://www.ala.org/future/trends/artificialintelligence
Cox, A. M. et al.(2019). The intelligent library: Thought leaders' views on the likely impact of AI on academic libraries. *Library Hi Tech, 37*(3), pp.418~435.
Ohaji, I. K. et al.(2019). The role of a data librarian in academic and research libraries. *Information Research, 24*(4). https://informationr.net/ir/24-4/paper844.html
Oldenburg, R.(1999). *The great good place: Cafes, coffee shops, bookstores, bars, hair salons, and other hangouts at the heart of a community*. Marlowe & Company.
Semeler, A. et al.(2024). Algorithmic literacy: Generative artificial intelligence technologies for data librarians. *EAI Endorsed Transactions on Scalable Information Systems, 24*(2).

https://doi.org/10.4108/eetsis.4067
Will Robots Take My Job?(2025). Librarians and Media Collections Specialists. https://willrobotstakemyjob.com/librarians-and-media-collections-specialists

10
AI와 윤리

인공지능(AI)은 다양한 가능성을 제시하지만 한계도 존재한다. 알고리즘의 편향성과 불투명한 의사 결정 과정, 개인정보 보호의 취약성 등은 AI 기술이 안고 있는 주요 문제다. AI 시대에도 도서관은 알 권리와 지적 자유, 표현의 자유를 지키는 최후의 보루로 역할을 해야 한다. 각국 도서관협회 및 개별 도서관은 AI와 윤리 관련 정책을 마련하기 시작했다.

AI와 미래 의사?

도서관 AI 활용의 윤리적 문제들

도서관은 정보 접근의 평등성, 개인정보 보호 등을 핵심 가치로 삼고 있으며, 모든 사람이 자유롭게 읽고, 정보를 찾고 말할 수 있는 권리인 지적 자유를 보장하는 기관이다(Gorman, 2015; IFLA, 2012). 그런데 도서관에서 인공지능(AI)을 활용한 서비스가 확산되면서 기술의 편리함과 효율성을 추구하는 동시에 도서관의 근본적 가치를 수호하여야 하는 과제가 대두되고 있다(IFLA, 2020). 특히, 도서관은 이용자의 개인정보와 독서 기록, 검색 이력 등 민감한 정보를 다루는 기관으로 AI 기술 작동 과정의 투명성을 확보하고 신뢰할 수 있는 체계를 마련할 필요가 있다(IFLA, 2020).

도서관에 AI 기반 기술을 적용할 때 가장 중요한 윤리적 현안 중 하나는 이용자의 개인정보 보호다. 도서관은 전통적으로 대출 기록 등 개인의 정보 이용 이력에 대한 프라이버시를 보호하는 것을 핵심 가치로 설정했다(Gorman, 2015). 그런데 AI 기반 기술의 도입으로 이용자의 프라이버시 보호는 더욱 어려워질 수 있다. AI 기반 추천 체계는 이용자의 나이, 성별, 과거 대출 기록 등 다양한 데이터를 수집하고 분석한다. 이와 같은 데이터에는 개인 관심사에서부터 정치적 성향, 종교적 신념, 건강 상태 등을 추론할 수 있는 민감한 정보들이 포함될 수 있다. 또한, 데이터의 저장 및 관리 과정에서 새로운 위험이 발생할 수 있다. 도서관은 일반적으로 AI 기술을 자체 개발하기보다는 외부 AI 기업과 협력하여 시스템을 구축하는 경우가 많다. 이 과정에서 이용자의 개인정보가 외부 기업과 공유되면 이용자의 개인정보 보호는 어려워질 수 있다.

개인화된 추천 결과와 관련한 윤리적 문제로 정보의 편향성과 필터링 현상도 대두하고 있다(IFLA, 2020). AI 기술을 적용한 자료 추천은 이용자의 특성과 과거 이용 기록을 기반으로 개인화된 결과를 제시하며 알고리즘은 이용자가 흥미로워할 콘텐츠를 예측하여 그에 부합하는 콘텐츠를 보여 주도록 설계된다. 이로 인하여 해당 이용자와 성향이 다른 사회적, 정치적 콘텐츠는 배제되고, 이용자는 특정 종류의 정보와 의견에 접근할 가능성이 제한될 수 있다. 이와 같은 정보 접근의 편향성과 선택적 노출 현상을 필터 버블(filter bubble)이라고 한다(Hu et al., 2019; Pariser, 2011). 특정 정보가 지속적으로 배제되거나 특정 관점의 정보만 반복적으로 노출될 경우, 도서관 서비스의 공정성과 다양성은 훼손되고 이용자의 정보 접근권 또한 침해될 수 있다.

콘텐츠 자동 관리 측면에서의 우려도 나타나고 있다(IFLA, 2020). 예컨대, 미국의 경우 인터넷에서의 어린이 및 청소년 보호와 관련하여 특정 내용을 규제하는 아동인터넷보호법(Children's Internet Protection Act)이 제정돼 있으며 이는 도서관에도 적용되고 있다. 이와 관련하여 특정 콘텐츠에 대한 필터링을 AI 기술 기반으로 자동화하여 수행할 수 있다. 그러나 AI 기술 기반 필터링이 규제 대상이 아닌 콘텐츠를 규제하는 등 AI 기술이 완벽하지 않을 가능성이 있다.

또한, AI 기술 이용과 관련하여 특정 집단이 소외될 가능성이 제시되고 있다. AI 기술 기반 서비스가 일반화될 경우, 디지털 및 AI 리터러시 역량이 상대적으로 낮은 집단들이 관련 서비스를 적절하게 이용하지 못할 수 있다. 이렇게 될 경우, 해당 집단들은 AI 기술 기반 서비스가 도입되기 이전에 비해 오히려 정보에 대한 접근이 어려워질 수 있다.

알 권리 보장하는 도서관 가치 지켜야

AI 시대에도 도서관은 시민의 지적 자유를 보장하는 공공기관으로서의 역할을 지속해야 한다. 개인정보 보호, 맞춤형 추천으로 인한 필터버블 현상, AI 결과의 편향성,

콘텐츠 자동 필터링 등은 모두 이용자의 자유로운 정보 접근을 위협할 수 있다. 예를 들어, 국제도서관협회연맹(IFLA)은 지적 자유 선언문(IFLA Statement on Libraries and Intellectual Freedom)에서 모든 도서관이 이용자의 프라이버시를 보호해야 한다고 명시했다. 만약 이용자가 감시받고 있다고 느낀다면 민감한 주제에 대한 정보 탐색을 꺼리게 되고 이는 표현의 자유와 탐색의 자유 위축으로 이어질 수 있다(IFLA, 2020). 또한, 알고리즘 등 기술적 요인은 특정 정보나 관점을 배제함으로써 이용자의 정보 접근권을 제한할 우려가 있다. 아울러 AI 리터러시 역량이 상대적으로 낮은 집단의 경우, AI 기술 기반 서비스에 소외될 우려가 있기에 이들의 지적 자유를 제한하는 것은 아닌지 고민이 필요하다. 도서관은 기술의 효율성과 편의성만 고려할 것이 아니라 이용자의 알 권리와 정보 접근의 공정성을 보장하는 방향으로 AI를 도입해야 한다.

이에 따라 전 세계 도서관협회와 개별 도서관들은 AI 기반 기술 도입과 관련하여 정책을 제시하고 있다. 국제도서관협회연맹은 도서관과 AI에 관한 성명(IFLA statement on libraries and artificial intelligence)에서 사서 및 정보 관련 종사자들은 이용자의 개인정보 보호 선택

권과 관련한 윤리 기준을 준수해야 한다고 지적했다. AI 기반 기술은 이용자의 개인정보를 부당하게 침해해서는 안 되며 AI 알고리즘의 모호성과 복잡성으로 인해 데이터 처리에 대해 이용자의 충분한 이해에 기반을 한 동의를 얻는 것이 어려운 만큼 AI 의사 결정 과정의 투명성을 강화하는 등의 노력이 필요한 것으로 명시되었다.

미국과 캐나다 도서관이 참여하는 연구도서관협회(Association of Research Libraries, ARL)는 AI를 위한 지침(Guiding Principles for Artificial Intelligence)에서 알고리즘, 학습 데이터 등에 대한 개방성과 투명성을 지지하며 도서관이 도입하는 AI 기술에도 이를 요구해야 한다고 제시했다. 또한, AI 기술을 활용하는 과정에서 이용자의 보안과 개인정보 보호를 최우선으로 할 것을 제안했다(Vitale, 2024).

미국 위스콘신주 케노샤공공도서관은 AI 및 머신러닝 사용 정책(Artificial Intelligence & Machine Learning Usage Policy)에서 AI의 무책임한 사용은 심각한 문제로 이어질 수 있으며 책임감 있고 윤리적 방식으로 AI를 사용하기 위하여 최선을 다하고 있다고 밝히고 있다. 또한, 민감한 데이터와 이용자 정보 보호에 중점을 두고 있다고 설명했다.

국내의 경우, 한국도서관협회는 AI 선언문(2024)을 통해 AI와 관련한 도서관의 윤리적 · 교육적 역할을 강조하며, 개인정보 보호와 안전한 AI 활용을 위한 교육 필요성을 제시했다.

윤리적 AI 사회를 위한 지식기관의 역할

도서관에서의 AI 기술 활용은 사회 전반에서 제기되는 AI 윤리 담론과 밀접하게 연결된 과제다. 도서관이 AI 기술 도입 시 고려해야 할 핵심 사안인 개인정보 보호, 알고리즘의 투명성, 정보 접근의 공정성 등은 시민들이 일상에서 AI를 활용할 때도 마주하는 중요한 윤리적 과제들이다. 이러한 맥락에서 도서관은 지역 사회 내 대표적인 공공 지식 기관으로 AI 시대에 발생할 수 있는 다양한 윤리적, 사회적 문제를 진단하고 이에 대한 대안을 함께 모색하는 담론의 장이 될 수 있다. 예를 들어, 도서관은 지역주민이 AI 기술의 윤리적 사용과 관련하여 자유롭게 토론할 수 있는 공론장 역할을 수행할 수 있으며 이를 위해 세미나, 독서 모임, 교육 등 다양한 프로그램을 운영할 수 있다(IFLA, 2020).

나아가 도서관은 정부 부처, 학교, 시민단체 등과 협력체계를 구축하여 AI 기술의 책임 있는 사용과 사회적 기준 수립을 위한 촉진자로서의 기능을 수행할 수 있다. 이와 같은 역할은 도서관이 전통적으로 수행해 온 정보 평등 보장, 시민 교육, 공공성 실현이라는 가치와도 부합한다.

참고문헌

한국도서관협회(2024). “한국도서관협회 인공지능 선언문”.

Gorman, M.(2015). *Our Enduring Values Revisited: Librarianship in an Ever-changing World.* ALA.

Hu, X. et al.(2019). *Steering AI and advanced ICTs for knowledge societies: A rights, openness, access, and multi-stakeholder perspective.* UNESCO Publishing. https://en.unesco.org/unesco-series-on-internet-freedom

IFLA(1999). IFLA Statement on Libraries and Intellectual Freedom. https://repository.ifla.org/items/72090712-b389-450b-94df-e05fd6c582d4

IFLA(2012). IFLA code of ethics for librarians and other information workers (long version). IFLA. https://repository.ifla.org/handle/20.500.14598/1850

IFLA(2020). IFLA statement on libraries and artificial intelligence. https://repository.ifla.org/handle/20.500.14598/1646

Kenosha Public Library(2025). Artificial Intelligence & Machine Learning (ML) Usage Policy. https://mykpl.info/wp-content/uploads/sites/120/2025/04/AI-Policy-V1.1-2025-03.pdf

Pariser, E.(2011). *The filter bubble: What the Internet is hiding from you.* Penguin Press.

Vitale, C. H.(2024). Association of Research Libraries releases guiding principles for artificial intelligence. Association of Research Libraries. https://www.arl.org/news/association-of-research-libraries-releases-guiding-principles-for-artificial-intelligence/

송현경

내일신문 편집국 정책팀 기자다(2008~). 2013년부터 문화체육관광부를 출입하며 도서관, 출판, 콘텐츠, 관광, 문화예술 분야를 취재하고 있다. 격주로 펴내는 도서관 지면을 담당하며 도서관에 대한 사회적 인식 제고에 관심을 가져왔다. 연세대학교에서 문헌정보학 박사학위를 받았으며, 명지대학교 문헌정보학과 겸임교수로 재직 중이다. "공공도서관의 관료제적 특성이 서비스 품질에 미치는 영향 연구" 등 논문을 KCI 등재학술지에 게재했다. 한국도서관협회 특별상 언론 부문, 한국사서협회 한국사서상 도서관 밖 활동가 부문 등을 수상했다. 강서영어도서관 운영위원회 위원장, 국회도서관 편집실무위원 등으로 활동하고 있다.